MODERNE WEBSEITEN

Rechtliche Grundlagen, Barrierefreiheit & SEO

-

Ein Praxisleitfaden

2. Auflage

KLAUK Verlag

Titel:
MODERNE WEBSEITEN
Rechtliche Grundlagen, Barrierefreiheit & SEO - Ein Praxisleitfaden

2., durchgesehene und aktualisierte Auflage

Verlag: Klauk Verlag (Imprint des Avendbloom Verlagshauses)
Verlagsadresse:
Avendbloom Verlagshaus
Friedrichshöhe 3
18059 Rostock
Deutschland

E-Mail: kontakt@avendbloom.de
Webseite: www.avendbloom.de

Verantwortlich für den Inhalt gemäß § 18 Abs. 2 MStV:
AVENDBLOOM Verlagshaus
Dominique Müller
Friedrichshöhe 3
18059 Rostock
Deutschland

Coverdesign: Dominique Müller
Satz & Layout: Dominique Müller
Lektorat & Korrektorat: Juliane Olias

Einband Softcover
ISBN: 978-3-912128-05-5
Erscheinungsjahr: 2026

Hinweis zur Sprachform:
Zur besseren Lesbarkeit wird in diesem Buch vorwiegend die männliche Form verwendet. Selbstverständlich sind damit immer alle Geschlechter gleichermaßen gemeint.

INHALT

Wie du dieses Buch verwendest

Herzlich willkommen zu diesem umfassenden Sachbuch über die wichtigsten rechtlichen Grundlagen, Barrierefreiheit und Suchmaschinenoptimierung (SEO) zur Erstellung einer modernen Webseite. Damit du möglichst viel aus diesem Buch mitnehmen kannst, möchte ich dir vorab ein paar hilfreiche Hinweise geben.

1. STRUKTURIERTE NAVIGATION:
Die Kapitel dieses Buches sind sorgfältig strukturiert, um einen klaren Pfad durch die drei Hauptthemen **Rechtliche Grundlagen**, **Barrierefreiheit** und **SEO** zu bieten. Jedes Kapitel beginnt mit einer kleinen Einführung, während die darauffolgenden Unterpunkte jeweils eine Kurzanweisung beinhalten, auf die eine Erklärung folgt. Diese sind abschließend mit Antworten auf die gängigsten Fragen und mit Beispielen ergänzt.

2. VERKNÜPFUNG DER THEMEN:
Beachte die Verknüpfung zwischen den Kapiteln. Die Themen sind miteinander verwoben, da eine ganzheitliche Herangehensweise an diese Aspekte oft effektiver ist.

3. PRAKTISCHER LEITFADEN:
Dieses Buch ist nicht nur ein Leitfaden, sondern auch ein praktisches Nachschlagewerk. Nutze es als Hilfsmittel, um sicherzustellen, dass deine digitalen Projekte rechtlich gut aufgestellt, barrierefrei gestaltet und für Suchmaschinen optimiert sind.

4. PRAXISNAHE BEISPIELE & FRAGESTELLUNGEN:
Ich habe bewusst praxisnahe Beispiele und Fragestellungen integriert, um die Thematiken besser verstehen und selbstständig umsetzen zu können. Dies soll dir helfen, die theoretischen Grundlagen in realen Situationen anzuwenden. Es werden jeweils Lösungen und Umsetzungsmöglichkeiten aufgezeigt, die sowohl für erfahrene Webentwickler mit HTML-Kenntnissen als auch für Einsteiger geeignet sind, die ihre Webseite mit einem CMS wie WordPress erstellen oder verwalten.

5. AKTUALITÄT BEACHTEN:
Da sich die Technologielandschaft und rechtliche Rahmenbedingungen ständig weiterentwickeln, empfehle ich, aktuelle Entwicklungen in den thematisierten Bereichen im Auge zu behalten und im Zweifel einen Fachmann oder Rechtsbeistand zu Rate zu ziehen.

6. HINWEIS:
Im folgenden Text wird oft „deindomainname.de" verwendet, um Lerninhalte besser begreiflich zu machen. Es dient lediglich zur Veranschaulichung und soll nicht auf diese Internetadresse aufmerksam machen oder weiterleiten, sollte diese aktiv sein.

—

Ich hoffe, dass dieses Buch für dich eine wertvolle Ressource wird, während du deine Website Schritt für Schritt aufbaust und weiter optimierst.

Viel Erfolg auf deiner Reise!

RECHTLICHE GRUNDLAGEN

Ein seriöser Seitenbetreiber beachtet eine Reihe an Vorschriften, um sich selbst abzusichern, aber auch damit Besucher der Webseite geschützt sind und sich wohlfühlen. Außerdem werden so kostspielige und zeit- sowie nervenaufreibende Abmahnungen vermieden.

WICHTIGER HINWEIS!

Gerade bei Rechtstexten, und auch in jedem anderen Zweifel, empfiehlt es sich direkt einen Rechtsbeistand für Internetrecht zu kontaktieren! Die folgenden Aussagen stellen keine Rechtsberatung dar und listen lediglich auf, was auf einer Webseite nicht fehlen darf. Bezüglich der Inhalte und Umsetzung sollte deshalb im Bedarfsfall eine fachkundige Person hinzugezogen werden.

DIE HÄUFIGSTEN GRÜNDE ABGEMAHNT ZU WERDEN:

Webseite Allgemein

- Fehlendes oder fehlerhaftes Impressum
- Fehlende oder fehlerhafte Datenschutzerklärung
- Fehlendes oder fehlerhaftes Cookie-/Consent-Management
- Markenrechtsverletzung
- Urheberrechtsverletzung (Bilder, Texte, Fonts, Videos)
- Copyright Verletzungen
- Unerlaubte E-Mail Werbung (ohne Einwilligung)
- Verstöße bei Werbebannern, Partnerprogrammen (z. B. Affiliate Marketing oder Google AdSense)
- Einbindung externer Inhalte und Dienste (z. B. Google, Social Media, Tracking) ohne ausreichende Datenschutz- und Einwilligungslösungen
- Verstöße gegen das Datenschutzrecht (DSGVO)
- Barrierefreiheitspflichten nicht erfüllt (BFSG, falls anwendbar)

Onlineshop

- Verstoß gegen Widerrufsrecht/fehlerhafte Widerrufsbelehrung
- Fehler oder unvollständige Hinweise bei Garantiewerbung
- Verstoß gegen das Verpackungsgesetz (fehlende Registrierung / Lizenzierung / Datenmeldung)
- Fehlende oder fehlerhafte Grundpreisangabe
- Fehler bei Herstellerangaben und Produktkennzeichnungen (Material, Inhalt, ggf. Energie, Herkunft)
- Verstöße gegen neue Informationspflichten zur Produktsicherheit (GPSR)
- Unlauterer Wettbewerb (UWG)

Webseite Allgemein

- Domain
- SSL / TLS / HTTPS
- Datenauftragsverarbeitung
- Google Dienste
- Data Privacy Framework
- Social Media
- Cookies & Cookie-Banner

Domain

KURZ
Achte bei der Auswahl deiner Domain darauf, dass der Name deiner Domain den größtmöglichen Bezug zu deinem Online-Projekt hat, ohne dass Marken-, Namens-, oder Patentrechte anderer verletzt werden.
Auch absichtliche „Tippfehler“ (um einen Markennamen abzuändern, aber einen Bezug dazu herzustellen) sind nicht zulässig.

ERKLÄRUNG

Stell dir vor, du möchtest jemanden besuchen. Das Haus desjenigen findest du über eine Adresse.
Die Domain ist so eine Adresse über die du eine Webseite im Internet besuchen kannst. Gleichzeitig gibt diese Internetadresse dir als Besucher aber auch unbewusst viele Informationen mit an die Hand. Und zwar ob die Webseite, die du besuchst, gesichert ist oder welchen Zweck sie verfolgt sowie ob es sich um eine Firma handelt.

WIE IST EINE DOMAIN AUFGEBAUT?

DEINDOMAINNAME.DE

Die Domain besteht lediglich aus dem Domain-Namen sowie der Domain-Endung.
(Siehe auch: BARRIEREFREI -> Aufbau -> URLs)

Domain-Name

Am wichtigsten ist für dich der Domain-Name. Bei diesem ist vor allem in Hinsicht auf das Markenrecht Vorsicht geboten, nutze also keinen Namen der markenrechtlich geschützt ist oder irreführt. Die gesetzlichen Bestimmungen, die solche Konfliktfälle regeln sollen, ergeben sich aus dem Markengesetz. Geschützt werden nach dem Markengesetz Marken, aber auch Namen (von Personen), Firmen und besondere Kennzeichnungen eines Geschäftsbetriebs.

Domain-Endung

Zu deiner Domain wählst du auch eine von vielen möglichen Domain-Endungen. Diese untergliedern sich hauptsächlich in länderspezifische, generische und neue Top-Level-Domains.

Beispiele für Domain-Endungen:

Bezeichnung deutsch	**Länderspezifische Domain**	**Generische Domain**	**Neue Top-Level-Domain**
Bezeichnung englisch	country code top level domain	generic top level domain	new top level domain
Abkürzung	ccTLD	gTLD	nTLD
Beispiele	.de (für Deutschland) .co.uk (für Großbritannien) .ch (für die Schweiz)	.com .net .org	.blog .shop .app
Bedeutung	Wählt ihr eine ccTLD-Endung, dann signalisiert ihr, in welchem Land ihr hauptsächlich agiert.	Länderübergreifende Domain-Endung. Am bekanntesten ist die .com. Diese steht für „commercial".	Die neuen TLD signalisieren dem Nutzer genauer, wobei es sich bei eurer Webseite handelt.

WO KANN ICH MEINE DOMAIN REGISTRIEREN?

Es gibt dafür mehrere Möglichkeiten. Entweder du registrierst deine Domain einzeln oder in einem Paket bei einem Anbieter, der auch Hosting für Webseiten anbietet. Der Einfachheit halber empfehle ich letzteres. So hast du alles an einem Ort.
Bekannte Hoster mit Domainvergabe sind Strato, All-inkl, IONOS, Mittwald oder DM-Solutions.

WIE KANN ICH SICHER SEIN, DASS DER DOMAIN-NAME NICHT VERGEBEN IST?

Wenn du dir nicht sicher bist, dann gibt es verschiedene Möglichkeiten zu prüfen, ob der Name bereits vergeben ist oder sogar auf ein anderes Unternehmen hinweist. Denn nicht immer bedeutet ein freier Domain-Name, dass du diesen auch benutzen darfst.

1. Prüfe zuerst, ob dein Wunsch-Domain-Name überhaupt noch **verfügbar** ist, indem du ihn in deinem Browser eingibst. Eine zweite Möglichkeit ist die Prüfung über einen Hoster, den du idealerweise auch für die Erstellung deiner Webseite nutzen wirst. Dort kann man in der Regel Domains prüfen, registrieren und gleich die Webseite hosten.

2. Jetzt prüfe noch, ob dein Wunsch-Domain-Name auch kein **registrierter Marken- oder Unternehmensname** ist. Dazu kannst du auf die Internetseite des deutschen Patent- und Markenamts gehen: www.dpma.de.
   Des Weiteren gibt es noch die EUIPO-Datenbank für EU-Marken und WIPO für internationale Marken.

3. Natürlich ist es auch möglich, dass dein Wunsch-Domain-Name ein nicht registrierter Marken- oder Unternehmensname ist. Daher **durchsuche auch Suchmaschinen, Branchenbücher sowie das Handelsregister** (www.handelsregister.de).

SSL / TLS / HTTPS

KURZ
Schütze deine Webseite und alle Unterseiten mit einem SSL-/TLS-Zertifikat. Ohne eine sichere HTTPS-Verbindung werden Webseiten von Suchmaschinen klar benachteiligt und weisen deutlich schlechtere Rankings auf.

ERKLÄRUNG

SSL ist die Abkürzung für „Secure Sockets Layer". Die SSL-Verschlüsselung erfolgt mithilfe eines digitalen Zertifikats. Dieses Zertifikat beinhaltet verschiedene Informationen. Diese Verschlüsselung ist eine Technologie zur Absicherung von Internetverbindungen und sorgt dafür, dass sensible Daten, die zwischen zwei Systemen übertragen werden, geschützt sind.

Ob eine Webseite und deren Unterseiten eine SSL-Verschlüsselung besitzen, erkennst du daran, ob das Netzwerkprotokoll ein zusätzliches „s" beinhaltet. Also anstelle von http:// ein http**s**://. Moderne Browser wie Chrome, Edge und Firefox haben vor einigen Jahren mit einem Schloss-Symbol in der Browserleiste gekennzeichnet, ob eine Webseite sicher ist (Abb. 1). Heutzutage zeigen sie explizite Warnhinweise wie „Nicht sicher" oder „Nicht sicher und schädlich" an sobald eine Webseite keine verschlüsselte Verbindung anbietet (Abb. 2). Das weckt bei Besuchern in der Regel den Eindruck von Unseriösität und schreckt viele Nutzer beim Aufruf der Seite ab, sodass sie diese nicht weiter nutzen.

(Abb. 1)

(Abb. 2)

HINWEIS: TLS

Bezugnehmend auf Sicherheitszertifikate sprechen wir und auch einige Hoster umgangssprachlich weiterhin von SSL, da dies die Standardtechnologie war und die bekannteste sowie geläufigere Bezeichnung. Technisch gesehen, ist SSL allerdings veraltet. Es gibt einen Nachfolger, der SSL längst abgelöst hat. TLS steht für Transport Layer Security und ist die noch sicherere Version von SSL. TLS hat SSL vollständig abgelöst, wird aber der Einfachheit halber häufig weiterhin unter dem Begriff „SSL-Zertifikat" vermarktet.

WIE VERSCHLÜSSELE ICH MEINE WEBSEITE?

Fast alle Hoster stellen kostenfrei SSL-/TLS-Zertifikate zur Verfügung, mit denen die Webseiten oft mit nur einem Klick gesichert werden können. Achte darauf, dass diese auf deine Domain sowie auch auf eventuell genutzte Subdomains angewendet werden. Damit auch Verzeichnisse/Unterseiten deiner Webseite immer über https:// geladen werden, sollte in den Einstellungen des Hosters die automatische Weiterleitung von **http:// auf https://** aktiviert oder „erzwungen" werden, indem eine automatische Umleitung (301 Redirect) aktiviert wird. So kann die gesamte Webseite verschlüsselt aufgerufen werden.

Datenauftragsverarbeitung

KURZ

Ein Vertrag zur Datenauftragsverarbeitung (AV-Vertrag, AVV bzw. englisch DPA) muss mit allen externen Dienstleistern geschlossen werden, die personenbezogene Daten deiner Nutzer, Abonnenten oder Kunden verarbeiten oder theoretisch Zugriff darauf haben.

ERKLÄRUNG

Der Auftrag zur Datenverarbeitung wird auch kurz „AV-Vertrag" genannt. Sobald es theoretisch möglich wäre, dass ein Dritter Zugriff auf die Daten deiner Abonnenten/Besucher/Nutzer/Kunden hat, muss mit diesem ein AV-Vertrag geschlossen werden. Das betrifft vor allem deinen Hosting-Anbieter, Newsletter-Anbieter, E-Mail-Dienstleister, Analyse-Tools oder Marketing-Dienstleister.

MUSS ICH DEN VERTRAG SELBST AUFSETZEN?

Nein, die meisten Anbieter stellen den AV-Vertrag direkt online zum digitalen Abschluss zur Verfügung. Einige Anbieter schicken dir alternativ einen Link oder stellen den Vertrag zum Download bereit. Eine klassische Unterschrift per Ausdruck ist inzwischen kaum noch nötig.

Solltest du zu diesem Thema mit einem Drittanbieter auf Englisch kommunizieren, dann weiß dieser was gemeint ist, wenn du von DPA - Data Processing Agreement sprichst.

WIE FINDE ICH DEN AV-VERTRAG?

Am besten suchst du im Account deines Dienstleisters im Dashboard oder den Einstellungen nach Bereichen wie „Datenschutz", „Rechtliches", „DPA/AV-Vertrag" oder „Data Processing". Falls du dort nichts findest, ist es am einfachsten, den Support zu kontaktieren.

Google Dienste

KURZ
Google-Dienste können datenschutzrechtlich schnell problematisch werden, weil dabei häufig personenbezogene Daten an Server außerhalb der EU übertragen werden. Da sich die rechtliche Lage in diesem Bereich immer wieder ändern kann, ist es am sichersten auf Google-Dienste möglichst zu verzichten und nur geprüfte datenschutzfreundliche Alternativen zu nutzen.

ERKLÄRUNG

Google stellt viele hilfreiche Tools und Programme zur Verfügung – wie Google Maps zur Orientierung, Google Analytics für Online-Marketing Auswertungen, Google ReCaptcha zur Spam-Abwehr für Formulare oder Google Fonts für Schriftarten. Die meisten davon übertragen jedoch mindestens die IP-Adresse der Webseitenbesucher an Google-Server in den USA. Auch wenn es derzeit Datenschutzregelungen (Data Privacy Framework) gibt, die solche Übertragungen grundsätzlich erlauben, kann sich die rechtliche Situation jederzeit ändern, da bereits in der Vergangenheit immer mal wieder Datenschutzabkommen zwischen den USA und der EU für ungültig erklärt wurden. Im Folgenden findest du daher Alternativen zu den bekanntesten Google-Diensten.

BEGRIFFSERKLÄRUNG & ALTERNATIVEN:

Google Analytics 4 (GA4)

Ein sehr bekanntes Analysewerkzeug, das statistische Kennzahlen über die Nutzung einer Webseite liefert und mit der man den Erfolg von Online-Marketing-Kampagnen messen kann. Allerdings überträgt Google Analytics personenbezogene Daten an Server außerhalb der EU und ist deshalb datenschutzrechtlich vor allem für kleine Webseiten, Selbstständige und Einsteiger weiterhin problematisch. Schon allein deshalb, da sich diese Nutzergruppen lediglich sporadisch aber auch zeitlich und fachlich nur eingeschränkt mit diesem Tool auseinandersetzen können. Darüber hinaus ist Nutzung nur mit zusätzlichen technischen Maßnahmen möglich, die für Laien oft schwer umzusetzen sind.

<u>Für dich als Nutzer gibt es drei Möglichkeiten:</u>

1. Wenn du Google Analytics unbedingt nutzen möchtest, solltest du es erst nach ausdrücklicher Einwilligung der Besucher aktivieren (über Cookie-Consentbanner) und über einen datenschutzkonformen Proxy laufen lassen. Die Umsetzung ist technisch anspruchsvoll. Ohne diese und weitere Maßnahmen ist es nicht vollständig DSGVO-konform.
2. Auf eine datenschutzfreundliche Anwendung umsteigen (z. B. Matomo, Simply Analytics).
3. Ganz auf diese Dienste und Analysen verzichten. (Im E-Commerce-Bereich keine Alternative, aber besonders für kleine Unternehmensseiten oder private Projekte ist das oft die angenehmste und sicherste Lösung).

Google ReCaptcha

Ist eine der bekanntesten Spamschutz-Integrationen, welche dafür sorgt, dass nur Menschen und keine Maschinen (Roboter) mit bestimmten Webdiensten interagieren. Er wird zum Beispiel als Zugangskontrolle für Kontaktformulare genutzt.

Alternative: Wichtig ist, darauf zu achten, dass der Spamschutz, den du einsetzt, nicht durch das Setzen von Cookies funktioniert, keine Daten weitergegeben werden und möglichst nutzerfreundlich und barrierefrei funktioniert.

Eine DSGVO-konforme Möglichkeit ist ein sogenannter „**Honeypot**". Dieser wird direkt in dein Formular eingefügt. Wie der Name bereits verrät, wird mit diesem Honigtopf etwas angelockt. Und zwar Bots. Das ganze funktioniert folgendermaßen: Wenn du dein Formular erstellst, dann fügst du ein zusätzliches Formularfeld hinzu, welches aber mittels CSS und JavaScript für die User nicht sichtbar gestaltet wird. So können nur Bots dieses Feld wahrnehmen. Sollte dieses dann ausgefüllt werden, wird das Senden des Formulars blockiert.
Bei WordPress gibt es mittels Plugin die Möglichkeit einen Honeypot ganz einfach zu einem Formular hinzuzufügen.

Auch **Cloudflare Turnstile** setzt keine Cookies, sammelt keine persistenten personenbezogenen Daten und funktioniert ohne nervige Aufgaben wie „Bilder anklicken". Der Dienst prüft still im Hintergrund, ob es sich um einen echten Nutzer handelt und ist dadurch besonders nutzerfreundlich, barrierefrei und stellt diesen Dienst kostenlos zur Verfügung. Die Integration ist bei den meisten Webseiten-Systemen (z. B. WordPress) einfach.

Google Maps

Google Maps ist ein Online-Kartendienst. Die Frage, die du dir stellen solltest, ist, wozu Google Maps auf deiner Webseite benötigt wird. In vielen Fällen soll nur der Anfahrtsweg zu einem Geschäft, Büro oder Standort angezeigt werden.

Alternative: Es ist datenschutzrechtlich am sichersten, einfach ein statisches Bild der Karte zu verwenden und darunter eine kurze Wegbeschreibung hinzuzufügen.

Solltest du eine interaktive Karte benötigen, kannst du auf Alternativen zurückgreifen, die auf den offenen Kartendaten von OpenStreetMap (www.openstreetmap.de) basieren. Diese Lösungen können etwas Einarbeitung erfordern, sind aber DSGVO-freundlich und flexibel einsetzbar.

Google Fonts

Google Fonts ist ein Oberbegriff für einen Pool an Schriftarten, die über den Server von Google bezogen werden, um sie auf der eigenen Webseite zu nutzen. Jedoch werden beim Laden der Schriftarten auch hier IP-Adressen automatisch an Google gesendet.

Natürlich können wir das Script für Google Fonts so einbinden, dass die Nutzer deren Verwendung über den Cookie-Banner zustimmen müssen. Jedoch ist dies keine praktikable Lösung, vor allem nicht, wenn es um euer Corporate Design geht.

Alternative: Die naheliegendste Lösung ist, die Schriftarten lokal zu installieren, sodass keine Verbindung zum Google-Server hergestellt wird.

WIE BINDE ICH SCHRIFTARTEN LOKAL EIN?

1. Solltest du nicht sowieso schon deine Schriftarten als Dateien zur Hand haben, dann suche online nach dem Tool **Google Webfonts Helper** (https://gwfh.mranftl.com/fonts). Dort suchst du deine Schriftart(en) und lädst sie herunter.

2. Anschließend lädst du diese über deinen FTP/SFTP-Zugang auf deinen Server hoch. *(Viele Hoster bieten heutzutage bereits einen eigenen Zugang über deinen Account an.)* Möglich ist auch die Nutzung eines Plugins wie „Local Google Fonts“ mit denen es ohne technische Kenntnisse geht. Manche Themes bieten dies auch von Haus aus an, frage beim Support nach.

3. Zum Schluss deaktivierst du Google Fonts auf deiner Webseite. Bei WordPress kann dafür das Plugin „Disable and Remove Google Fonts“ genutzt werden. Denn auch wenn in deinem Theme alles korrekt eingestellt ist und die Schriftarten lokal installiert wurden, kann es immer noch sein, dass eines der genutzten Plugins noch Google Fonts verwendet.

Für eine genauere Anleitung siehe dir auch eine der zahlreichen Erklärungen im Internet oder auf YouTube an oder frage die Fachperson deiner Wahl.

WIE FINDE ICH HERAUS, OB MEINE WEBSEITE GOOGLE FONTS NUTZT?

Suche in deiner Suchmaschine nach „Google Fonts Website Scanner“ oder einer ähnlichen Wortgruppe. Es gibt verschiedene Webseiten, auf denen du deine Domain eingeben kannst, um diese kostenlos darauf prüfen zu lassen, ob Google Fonts genutzt werden. Alternativ kannst du über den Rechtsklick auf deiner Seite in deiner Konsole (über Quellcode/Source) schauen, ob Google Fonts beim Aufrufen deiner Seite geladen werden.

Siehe folgendes Beispiel:

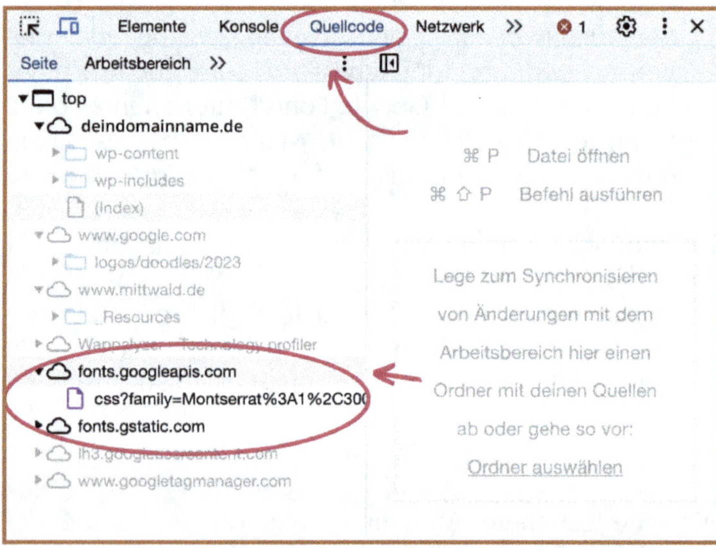

Data Privacy Framework

KURZ
Überprüfe, ob Dienste von Drittanbietern aus den USA von Unternehmen stammen, die nach dem Data Privacy Framework (DPF) zertifiziert sind und ergänze deine Datenschutzerklärung dahingehend.

ERKLÄRUNG

Mit dem Angemessenheitsbeschluss vom 10. Juli 2023 trat das Data Privacy Framework (kurz: DPF) in Kraft. Dieses Abkommen zwischen der EU und den USA regelt, unter welchen Voraussetzungen personenbezogene Daten von EU-Unternehmen an zertifizierte US-Unternehmen übermittelt werden dürfen. Damit ist der Datentransfer in die USA grundsätzlich erleichtert, sofern das jeweilige US-Unternehmen nach dem DPF zertifiziert ist. Trotzdem stellt das DPF keinen „Freifahrtschein“ dar. Für Webseitenbetreiber bedeutet es aber vor allem, dass bestimmte US-Dienste wie etwa Tracking-, Analyse- oder Marketing-Tools rechtssicherer genutzt werden können, sofern die Anbieter zertifiziert sind und die notwendigen datenschutzrechtlichen Voraussetzungen eingehalten werden.

Siehe auch:
- *RECHTLICHE GRUNDLAGEN -> Webseite Allgemein -> Google Dienste*
- *RECHTLICHE GRUNDLAGEN -> Inhalt -> Datenschutzerklärung*

DAS PROBLEM UND WARUM EIN DATENSCHUTZABKOMMEN?

Vor dem Missbrauch von personenbezogenen Daten schützt uns im Allgemeinen die Datenschutzgrundverordnung (DSGVO) der EU. Gleichzeitig steht diese jedoch in Konflikt mit der Nutzung von oftmals hilfreichen und nützlichen Dienstleistungen sowie Programmen von US-amerikanischen Unternehmen. Denn diese übertragen personenbezogene Daten aus der EU in die USA und speichern sie dort. In Drittländern, wie den USA, sind die Daten aber nicht immer ausreichend geschützt und daher verbietet die DSGVO grundsätzlich die Übermittlung von personenbezogenen Daten außerhalb der EU (Art. 44 bis 49 DSGVO).
Im harmlosesten Fall werden die transferierten Daten für eigene Zwecke, wie der Schaltung möglichst personalisierter Werbung, verwendet. Im schlimmsten Fall werden sie verkauft oder gehackt, was zu Spam-Mails über Kreditkartenbetrug bis hin zu Identitätsdiebstahl führen kann. Bisher hatten außerdem US-Sicherheitsdienste weitreichende Befugnisse auf die Daten zuzugreifen.
Um nun EU-Unternehmern und somit uns Webseitenbetreiber die Nutzung genannter Dienste aus den USA, unter Berücksichtigung des Datenschutzes/der europäischen Datenschutzgrundverordnung, rechtssicher zu ermöglichen, wurde das Rahmenwerk "Data Privacy Framework" (DPF) als transatlantischer Datenschutzrahmen zwischen der EU und den USA vereinbart.

WAS BEINHALTET DAS "DATA PRIVACY FRAMEWORK"?

- Basierend auf dem neuen Rahmenwerk können Daten zwischen der EU und zertifizierten US-Unternehmen frei und sicher fließen.

- Ein neues Regelwerk und verbindliche Schutzmaßnahmen schränken den Datenzugriff durch US-Geheimdienste und Behörden ein. Somit erfolgt ein Zugriff nur dann, wenn er zum Schutz der nationalen Sicherheit notwendig als auch verhältnismäßig ist und ohne dass dadurch die Rechte sowie Freiheiten des Einzelnen unverhältnismäßig beeinträchtigt werden.

- Ein neues zweistufiges Rechtsbehelfssystem wird Beschwerden von Europäern in Bezug auf den Zugriff auf Daten durch US-Geheimdienste untersuchen und sicherstellen, dass diese durch einen neu geschaffenen "Data Protection Review Courts" gerichtlich geprüft und behandelt werden.

- Es gelten strenge Verpflichtungen für US-Unternehmen, die aus der EU übermittelte Daten verarbeiten. Dazu gehört die Selbstzertifizierung, um die Einhaltung des Abkommens gegenüber dem US-Handelsministerium zu bestätigen.

- Es gibt spezifische Überwachungs- und Überprüfungsmechanismen.

WELCHE AUSWIRKUNGEN HAT DAS ABKOMMEN?

Die Nutzung von Dienstleistungen und Programmen von US-Unternehmen ist nun aufgrund des Abkommens grundsätzlich rechtssicherer geworden, sofern die Anbieter zertifiziert sind.
Dennoch gilt weiterhin, dass eine Webseite durch einen Datenschutzhinweis den Nutzer darüber zu unterrichten hat, wie seine Daten gesammelt, genutzt und gegebenenfalls an Dritte weitergeleitet werden. Dies nennt sich allgemein bekannt Datenschutzerklärung und hat einen rein informativen Charakter, im Gegensatz zu einer Datenschutzeinwilligung, die meist über Consent-Cookie-Banner eingeholt wird. Über dieses wird die Zustimmung des Nutzers eingeholt, Daten für spezielle Zwecke zu verwenden, die nicht per se vom Gesetz erlaubt sind, etwa für Tracking-, Analyse- oder Marketingmaßnahmen (z. B. um das Nutzerverhalten auf der Website auszuwerten, wie bei Google Analytics, oder um personalisierte Werbung anzuzeigen, wie bei Remarketing-Tools).

ACHTE AM BESTEN AUF FOLGENDE SCHRITTE, UM AUF DER SICHEREN SEITE ZU SEIN:

1. Wähle nur Tools (Programme) und Dienstleistungen von US-Dienstleistern aus, die zertifiziert sind. Eine Übersicht der Unternehmen findest du auf der offiziellen Webseite https://www.dataprivacyframework.gov/s/participant-search .

2. Schließe einen Auftragsverarbeitungsvertrag mit den Dienstleistern ab. Ein AV-Vertrag ist aber nur nötig, wenn der genutzte Dienst personenbezogene Daten im Auftrag verarbeitet.

3. Passe deine Datenschutzerklärung und -einwilligung an, indem du bei den entsprechenden Datenschutzklauseln (also alle zertifizierten US-Unternehmen) zusätzlich auf das Abkommen mit dem Angemessenheitsbeschluss und die Zertifizierung hinweist.

ZUKUNFTSAUSSICHTEN

Max Schrems ist Jurist und Datenschutzaktivist sowie Vorsitzender der Datenschutzorganisation Noyb. Er hat bereits gegen die Vorgängerabkommen ("Safe-Harbor" und „Privacy Shield") Klage beim Europäischen Gerichtshof eingereicht, diese gewonnen und letztlich verhindert. Es ist möglich, dass auch dieses Abkommen erneut gerichtlich geprüft wird.
Genaueres dazu in diesem Artikel: https://noyb.eu/de/european-commission-gives-eu-us-data-transfers-third-round-cjeu .
Bis dahin gilt jedoch das transatlantische Abkommen DPF als rechtskräftig und aktuell.

! Das heißt, du solltest dieses Thema weiterhin regelmäßig im Blick behalten, wenn du auf deiner Webseite Dienste von US-Anbietern einsetzt.

Social Media

KURZ

Sollten Social Media Plugins auf der Webseite eingebunden werden, dann müssen diese so integriert sein, dass der Besucher der Webseite seine Einwilligung erteilen oder ablehnen kann. Solange noch keine Einwilligung vorliegt, müssen entsprechende Inhalte blockiert sein.

ERKLÄRUNG

Häufig wird Social Media auf Webseiten in Form von Folgen-Buttons eingesetzt oder indem die letzten Beiträge von Facebook, Instagram und Co. angezeigt werden. Dies führt jedoch dazu, dass auch hier die Nutzerdaten über jene Plattformen auf den Servern anderer in Drittländer geschickt werden. Dies ist nicht im Sinne der EU-DSGVO und bedarf entweder der Einwilligung des Nutzers oder muss deaktiviert werden.

WIE KANN ICH DIE EINWILLIGUNG EINHOLEN?

Über einen sogenannten **Cookie-Banner** *(Siehe auch: RECHTLICHE GRUNDLAGEN -> Webseite allgemein -> Cookies & Cookie-Banner)* kann die Einwilligung für die Nutzung von Social-Media-Integrationen eingeholt werden.
Die **Zwei-Klick-Lösung** ist eine Alternative, wenn du keine Einwilligung im Cookie-Banner einholen konntest oder möchtest. Dabei werden die Inhalte zunächst blockiert und erst nach einem aktiven Klick des Nutzers (z. B. „Inhalt laden") eingebunden. Man braucht also nicht beides gleichzeitig. Wird die Einwilligung weder über den Cookie-Banner noch über die Zwei-Klick-Lösung erteilt, bleibt die Integration deaktiviert und die Inhalte der jeweiligen Plattform werden nicht auf deiner Webseite angezeigt.

TIPP

Sollte es nicht essenziell für dich sein, dass du Inhalte von Social-Media Netzwerken auf deiner Webseite zeigst und auch „Folge-mir"-Buttons keinen nennenswerten Mehrwert für dich oder dein Business bringen, dann verzichte darauf und nutze einfach klassische Links im Footer oder auf der Kontaktseite deiner Webseite, die zu deinen entsprechenden Social-Media Profilen führen.
Solche statischen Links sind datenschutzrechtlich immer unproblematisch, da dabei keine Daten an die Social-Media-Plattformen übertragen werden.

Cookies & Cookie-Banner

KURZ
Sobald auf deiner Webseite Cookies (oder andere Tracking-Techniken wie LocalStorage, Skripte, Pixel, APIs usw.) eingesetzt werden, die als „nicht essenziell" beziehungsweise „nicht technisch notwendig" einzustufen sind, dann muss vorab die Einwilligung des Nutzers erfolgen. Dies geschieht mit Hilfe eines Cookie-Banners (auch: Cookie Consent). Es wird keine Einwilligung benötigt, wenn Cookies gesetzt werden, die für den technischen Betrieb und die grundlegende Funktion der Webseite erforderlich sind.

ERKLÄRUNG

Cookies sind nicht immer Kekse. Das wissen wir bereits. Es ist die Bezeichnung für Daten, in Form von kleinen Textdateien, die bei dem Besuch einer Webseite von dieser auf dem Computer bzw. im Browser des Besuchers gespeichert werden. Wird die Seite später erneut aufgerufen, werden diese Daten wieder an den Server der Webseite übertragen.

Das dient unterschiedlichen Zwecken. Es können Einstellungen, die ein Nutzer an einer Webseite vornimmt, gespeichert werden. Wenn die Seite dann wiederholt aufgerufen wird, dann findet der Nutzer sie genau so vor, wie er sie das letzte Mal individuell eingerichtet hat. Auch Anmeldedaten können so den Webseiten zugeordnet und entsprechend gespeichert werden, damit sie nicht bei jedem Besuch erneut von Hand eingetragen werden müssen. Gerade im E-Commerce kommen Session-Cookies bei Warenkörben zum Einsatz. Sie sorgen dafür, dass Produkte im Warenkorb gespeichert bleiben solange die Webseite genutzt wird, aber manchmal auch dann noch, wenn man sie zwischenzeitlich verlässt und später erneut aufruft.

Meist werden Cookies für einen bestimmten Zeitraum gespeichert. Diesen kann man dem Cookie-Banner entnehmen. Nutzer können den Einsatz von Cookies auch generell untersagen, indem sie diese Einstellung in ihrem Browser vornehmen. Wichtig ist jedoch, dass moderne Tracking- oder Analyse-Tools teilweise keine klassischen Cookies mehr verwenden, sondern andere Speichertechniken (z. B. LocalStorage oder Skripte). Auch solche Technologien sind einwilligungspflichtig, sofern sie nicht technisch notwendig sind.

ANFORDERUNGEN AN COOKIE-BANNER/COOKIE-CONSENT-TOOL

1. Bevor die Webseite genutzt wird, muss die **Abfrage** erfolgen. Das bedeutet auch, dass keine Cookies oder andere Tracking-Technologien vorausgewählt sein dürfen, die technisch nicht notwendig sind. Der Nutzer muss dem Einsatz, somit der Speicherung, explizit zustimmen.

2. Das geschieht in der Regel über einen **Button**. Es müssen daher zwei gleichwertige Buttons auf dem Cookie-Banner integriert sein, die eindeutig mit „Akzeptieren" oder „Ablehnen" gekennzeichnet sind und diese Funktionen auch erfüllen. „Nur essenzielle Cookies verwenden" kann dabei als Ablehnen-Option gelten.

3. **Gleichwertig** bedeutet, dass der „Akzeptieren"-Button nicht farblich hervorgehoben werden darf, während der „Ablehnen"-Button beispielsweise kaum erkennbar ist. Der Nutzer darf also nicht in seiner Entscheidung beeinflusst werden.

4. Wie bereits oben erwähnt, muss über den Einsatz der Cookies **informiert** werden, also über ihre Speicherdauer und den Zweck, den sie erfüllen. Das kann aber auch auf einer zweiten Seite des Cookie-Banners erfolgen.

5. Als letztes muss der Nutzer die Möglichkeit haben, den Cookie-Banner einer Webseite später erneut aufzurufen, um seine vorherige Entscheidung **widerrufen** oder anpassen zu können. Das kann über einen zusätzlichen Button geschehen, der global auf

jeder Seite sichtbar platziert ist (zum Beispiel im Footer), oder über einen Link in der Datenschutzerklärung.

<u>Beispiel:</u>

Der Banner wird üblicherweise als PopUp zentral auf der Webseite oder am unteren Rand platziert. Über einen Link lassen sich spezifische Einstellungen vornehmen.

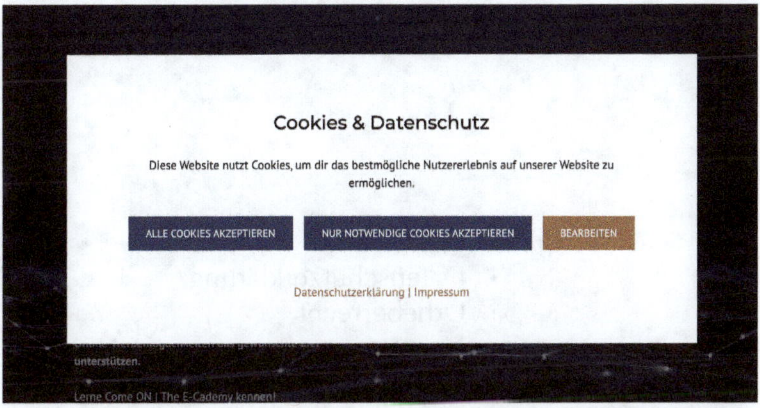

Inhalt

Impressum

KURZ
Das Impressum muss über maximal zwei Klicks erreichbar sein. Am besten im Footer verlinken.

ERKLÄRUNG

Das Impressum ist eine Pflichtangabe und gibt grundlegende Informationen zum Seitenbetreiber, also zur verantwortlichen Person oder zum verantwortlichen Unternehmen wieder. Welche Angaben über die Identität bereitgestellt werden müssen, ist im **§5 des Digitale-Dienste-Gesetzes (DDG)**, *ehemals §5 des Telemediengesetzes (TMG),* geregelt. Ohne ein Impressum darf weder eine Webseite betrieben werden, noch ist es möglich weitere Dienste Dritter (z. B. Affiliate-Plattformen, Social-Media Netzwerke, Newsletter-Dienste) für gewerbliche Zwecke zu nutzen, da diese sich die Seiten zuerst anschauen und bei fehlendem Impressum die Zusammenarbeit verweigern.

WIE ERSTELLE ICH EIN IMPRESSUM?

Ein Impressum kann, im Gegensatz zu anderen Rechtstexten, von dir ganz einfach selbst erstellt werden. Im §5 Absatz 1 DDG sind alle Angaben genannt, die das Impressum enthalten muss:

- **Name** des Seitenbetreibers.
  Falls diese/r eine juristische Person ist, dann zusätzlich deren Rechtsform und vertretungsberechtigte Personen und gegebenenfalls Angaben über das Kapital
- **Anschrift** des Seitenbetreibers
  (ladungsfähige Adresse)
- **Kontaktdaten** (Adresse, E-Mail, Telefon)

Falls zutreffend auch folgende Informationen:

- Zuständige Aufsichtsbehörde
- Registernummer und Register, in dem das Unternehmen eingetragen ist
- Umsatzsteuer-Identifikationsnummer (USt-ID) bzw. Wirtschafts-Identifikationsnummer
- Angaben zur Liquidation oder Auflösung

MUSS ICH MEINE EIGENE ADRESSE ANGEBEN ODER KANN ES AUCH EIN POSTFACH SEIN?

Im Impressum muss immer eine ladungsfähige Adresse angegeben werden. Das bedeutet, dass unter dieser Adresse eine persönliche Zustellung möglich sein muss. Bei Privatpersonen ist dies in der Regel der Wohnsitz, bei Unternehmen die Geschäftsadresse. Virtuelle Geschäftsadressen (Coworking, Office-Services) sind zulässig, so-

fern dort eine persönliche Zustellung gewährleistet ist. Postfächer bleiben unzulässig.
In bestimmten Fällen kann auch die Nutzung eines professionellen jedoch kostenpflichtigen Impressumsservices in Betracht kommen, sofern dieser eine ladungsfähige Anschrift bereitstellt.

IST DIE TELEFONNUMMER ODER FAXNUMMER ZWINGEND ERFORDERLICH?

Die Angabe einer Telefonnummer ist bei normalen Webseiten nicht gesetzlich verpflichtend. Eine Ausnahme bilden Online-Händler, die regelmäßig Fernabsatzverträge abschließen. In diesem Fall ist die Nennung einer Telefonnummer verpflichtend ist. Fax gilt nicht mehr als zeitgemäßes Kommunikationsmittel und daher besteht hier keine Pflicht zur Angabe.

Datenschutzerklärung

KURZ
Die Datenschutzerklärung ist ein Rechtstext, dem man sich am besten am Ende der Webseiten-Erstellung widmet. Das liegt daran, dass diese oft durch einen Rechtsbeistand oder mittels eines Datenschutz-Generators erstellt wird und erst dann umfassend und korrekt formuliert werden kann, wenn genau bekannt ist, welche Elemente und Dienste auf der Seite integriert sind. Gleiches gilt, wenn du ein Baukastensystem zur Erstellung deiner Datenschutzerklärung nutzt. Du kannst erst dann vollständig auswählen, was alles auf deiner Seite vorhanden ist, wenn diese fertig ist.

ERKLÄRUNG

Eine Datenschutzerklärung muss laut DSGVO (Art. 13 und 14) auf jeder Website bereitgestellt werden, auf der personenbezogene Daten verarbeitet werden.

Genauer: Welche Daten verarbeitet werden, wer betroffen ist, zu welchem Zweck die Daten verarbeitet werden, die Rechtsgrundlage, die Widerspruchsmöglichkeit sowie welche Dienste und Dienstanbieter auf der Webseite eingesetzt werden. Die Dienstanbieter werden einzeln aufgelistet inklusive Angaben wie Sitz der Firma, Link zur Datenschutzerklärung des jeweiligen Dienstes sowie ob ein Auftragsverarbeitungsvertrag geschlossen wurde. Bei Diensten aus Drittländern (z. B. den USA) muss zusätzlich angegeben werden, auf welcher Grundlage die Daten übertragen werden. Beispielsweise über das Data Privacy Framework oder zusätzliche Schutzmaßnahmen.

Falls du ein Cookie-Consent-Tool nutzt, muss auch dessen Funktionsweise beschrieben werden, einschließlich der Möglichkeit, Einwilligungen zu widerrufen.

WIE ERSTELLE ICH EINE DATENSCHUTZERKLÄRUNG?

Eine Datenschutzerklärung selbst zu erstellen, bedarf spezieller Kenntnisse im rechtlichen Bereich. Daher ist dies keine Option, wenn man nicht zufällig selbst eine entsprechend qualifizierte juristische Fachperson ist.

Es gibt die Möglichkeit sich über ein Baukastensystem eine Datenschutzerklärung mit einem Datenschutz-Generator erstellen zu lassen. Ein bekannter Anbieter ist E-Recht24 (https://www.e-recht24.de). Wenn man hier etwas Geld investiert, wird man über regelmäßige Änderungen informiert und kann auf diese Weise seine Erklärung immer auf den neuesten Stand halten.
Allerdings gibt es auch dubiose Anbieter oder veraltete Generatoren im Internet, sodass hier genau recherchiert werden sollte, welche Anbieter wirklich aktuell, kostenfrei und seriös sind.

Daher mein Ratschlag: **Suche einen Rechtsbeistand oder Datenschutzbeauftragten, der auf IT- und Internetrecht spezialisiert ist, oder nutze einen seriösen Datenschutzgenerator.**

WO BINDE ICH DIE DATENSCHUTZERKLÄRUNG EIN?

Die Datenschutzerklärung bekommt eine eigene Unterseite auf deiner Webseite und wird am besten leicht auffindbar, in der Nähe des Impressums, im Footer, verlinkt. Sie muss über maximal zwei Klicks erreichbar und dauerhaft zugänglich sein. Somit darf sie nicht hinter Cookie-Bannern oder Pop-Up-Fenstern versteckt werden.

Urheberrecht

KURZ

Eigene Inhalte in Form von Texten, Bild- und Videomaterial, Grafiken usw. sind durch das Urheberrecht geschützt. Um dies zu unterstreichen, fügst du einen Urheberrechtstext auf der Seite ein, auf der auch dein Impressum steht. Füge ebenfalls einen Copyright-Hinweis in den Footer ein.
Beachte: Reine KI-generierte Inhalte sind nicht automatisch urheberrechtlich geschützt.

ERKLÄRUNG

Im Prinzip ist es nicht notwendig, einen Urheberrechtstext oder -vermerk auf deiner Webseite zu platzieren, da Inhalte, die du selbst erstellt hast, grundsätzlich automatisch dem Urheberrecht unterliegen. Dies gilt jedoch nur, wenn sie individuell genug sind und sich deutlich von alltäglichen, rein einfachen Inhalten abheben. Das Urheberrecht bietet daher eine kostenfreie Möglichkeit, persönliche geistige Schöpfungen zu schützen, da der Schutz nach § 2 Abs. 2 UrhG automatisch mit der Erstellung des Werkes entsteht. Ein Urheberrechtsvermerk ist nicht rechtlich vorgeschrieben, aber es ist dennoch sinnvoll einen zu verfassen. Zum einen wirkt er abschreckend und zum anderen machst du es einfacher, eine vorsätzliche Urheberrechtsverletzung zu beweisen. Niemand kann dann behaupten, nichts von den Eigentumsrechten gewusst zu haben. Darüber hinaus lässt es deine Webseite professioneller wirken.

WO MUSS DER VERMERK AUF DER WEBSEITE STEHEN?

Der Urheberrechtsvermerk ist ein schriftlicher Hinweis, den du in deinem Footer platzierst. Dort ist er jederzeit ersichtlich und auffindbar.

WIE ERSTELLE ICH EINEN URHEBERRECHTSVERMERK?

Am Anfang machst du klar, dass es sich um einen Copyright-Vermerk handelt, indem du das entsprechende Symbol (©) oder das Wort benutzt. Im Idealfall beides, um es für jeden verständlich zu machen. Danach folgt die Jahreszahl oder ein Jahresbereich, in dem das Werk geschaffen wurde oder der Inhalt öffentlich zugänglich gemacht wird.
In der Regel werden bei Webseiten kleine Codes benutzt, die diese Zahl an das aktuelle Jahr automatisch anpassen, damit man nicht jedes Jahr daran denken muss, diese zu ändern.
Dann folgt der Name des Urheberrechtsinhabers und die Erklärung der Rechte. Letzteres lässt sich in drei Kategorien einteilen: "Alle Rechte vorbehalten", "Keine Rechte vorbehalten" und "Einige Rechte vorbehalten". Wähle aus, was in deinem Fall zutrifft. Meist ist es „Alle Rechte vorbehalten".

Beispiel:

© Copyright 1996-2026, Firma oder Name.
Alle Rechte vorbehalten.

URHEBERRECHTSVERMERK FÜR KI-GENERIERTE INHALTE?

Durch generative KI-Tools wie ChatGPT, Midjourney, DALL·E, Adobe Firefly oder ähnliche KI-Systeme entstehen häufig Texte, Bilder, Audios oder Videos, die auf Webseiten eingesetzt werden. Dabei ist wichtig zu wissen, dass KI-Inhalte urheberrechtlich anders behandelt werden als selbst erstellte Werke.

Grundsätzlich gilt, dass ein KI-Output nicht durch Urheberrecht geschützt ist, denn dafür ist eine menschliche, kreative Schöpfung erforderlich. Niemand kann also ausschließliche Urheberrechte an rein KI-generierten Inhalten beanspruchen. Du bist jedoch Nutzungsberechtigter, sofern der Anbieter des Tools dies erlaubt (was bei seriösen Plattformen in der Regel der Fall ist).

Wichtig: Du darfst KI-generierte Inhalte auf deiner Webseite einsetzen, sofern die Nutzungsbedingungen des Tools die kommerzielle Nutzung erlauben. Der Einsatz eines Urheberrechtsvermerks (z. B. „© 2026“) auf KI-Material erzeugt jedoch nicht automatisch Urheberrechte.

Ausnahmen bestehen, wenn du KI-Material stark bearbeitest, modifizierst oder kreativ transformierst. Dann kann diese menschliche Leistung wieder zu einem eigenen (menschlichen) urheberrechtlichen Schutz führen. Der reine ursprüngliche KI-Output bleibt jedoch weiterhin schutzlos.

Nachweise

KURZ
Werden **Bilder, Videos, Grafiken, Texte oder Inhalte von externen Quellen** verwendet, fügst du auf deiner Impressums-Seite einen Nachweis ein, aus dem eindeutig erkennbar ist, welcher Inhalt aus welcher Quelle stammt. Dies gilt natürlich unter den Voraussetzungen, dass du die Erlaubnis hast, diese Inhalte zu verwenden und wenn geklärt ist, ob der Nachweis im Impressum ausreicht oder ob er zusätzlich direkt am Werk selbst angegeben werden muss.
Überall dort, wo **KI Inhalte** täuschen, manipulieren oder wichtige Entscheidungen beeinflussen könnten, müssen diese deutlich als solche gekennzeichnet werden.

ERKLÄRUNG

Am bekanntesten ist sicherlich der Bildnachweis, den man auf vielen Webseiten unter der Impressumsangabe findet. Dieser liefert Informationen über den Urheber eines Werkes, der dieses geschaffen hat.

WORAUF MUSS ICH ACHTEN?

Kläre vorab, ob du die Nutzungsrechte für das Werk hast, welches du verwenden möchtest. Also ob du es nutzen darfst und ob du, falls notwendig, entsprechende Lizenzvereinbarungen abgeschlossen hast. Wichtig ist auch zu wissen, ob ein Nachweis im Impressum ausreicht oder ob er zusätzlich am Werk selbst erfolgen muss. Außerdem ist zu prüfen, ob weitere Angaben abgesehen des Namens anzugeben sind. Bei Bilder-Plattformen/Stock-Anbietern gilt meist, dass neben dem Urheber auch die Bildplattform als Quelle aufzunehmen ist.

WIE VERHÄLT ES SICH MIT KI-GENERIERTEN INHALTEN?

Für Inhalte, die mithilfe von künstlicher Intelligenz (KI), wie zum Beispiel OpenAI über den Chatbot ChatGPT oder mit KI Bildgeneratoren erstellt werden, besteht aktuell keine allgemeine Pflicht, diese auf Webseiten ausdrücklich zu kennzeichnen. Durch die KI Verordnung der EU (AI Act) sowie weitere Regelungen wie den Digital Services Act und das in Deutschland geltende Digitale Dienste Gesetz werden die Transparenzpflichten jedoch verschärft.
Ab Mitte 2026 müssen KI Inhalte vor allem dann deutlich gekennzeichnet werden, wenn sie Nutzer täuschen oder beeinflussen könnten, wenn sie politisch oder gesellschaftlich relevant sind oder wenn sie in sensiblen Bereichen wie Gesundheit, Sicherheit oder Finanzen eingesetzt werden. Auch wenn sie für die Beeinflussung von wichtigen Entscheidungen als Informationsquelle genutzt werden. Das betrifft besonders realistische künstliche Inhalte, die aussehen, als wären sie echt.

Ein klassisches Beispiel ist ein Video, in dem ein Politiker scheinbar etwas sagt, was er in Wirklichkeit nie gesagt hat. Ein anderes Beispiel wäre ein täuschend echtes Bild einer bekannten Person in einer erfundenen Situation. Solche Inhalte dürfen zukünftig nicht einfach als „echt" präsentiert werden, sondern müssen deutlich als KI erstellt oder verändert gekennzeichnet sein. Auch in sensiblen Bereichen wird mehr Transparenz verlangt. Wenn KI Inhalte Einfluss auf wichtige Entscheidungen haben, zum Beispiel bei Gesundheitsthemen, Versicherungen, Finanzen oder sicherheitsrelevanten Informationen, sollen Nutzer klar erkennen können, dass diese Inhalte nicht von Menschen verfasst wurden. Wenn eine Webseite beispielsweise KI Texte zur medizinischen Einschätzung von Symptomen anbietet, wäre es wichtig, deutlich zu machen, dass der Text von einer künstlichen Intelligenz stammt und keinen ärztlichen Rat ersetzt. Ähnliches gilt für nachrichtenartige Inhalte. Wenn eine Seite wirkt wie ein Nachrichtenportal, aber die Artikel vollständig von KI geschrieben sind, wird künftig meist klar darauf hingewiesen werden müssen. Das betrifft ergänzend auch Onlineshops. Produktbeschreibungen müssen normalerweise nicht gesondert als KI Inhalte gekennzeichnet werden, solange sie wahrheitsgemäß sind und keine falschen Erwartungen wecken. Erst wenn künstliche Inhalte Kunden bewusst täuschen könnten, zum Beispiel durch erfundene Bewertungen oder manipulierte Produktdarstellungen, wird eine klare Kennzeichnung oder zumindest transparente Erklärung notwendig.

Für normale Webseiteninhalte wie Blogtexte, allgemeine Firmeninformationen, Marketingtexte oder auch übliche Produktbeschreibungen in Onlineshops ändert sich dagegen wenig. Diese müssen in der Regel nicht gesondert gekennzeichnet werden, solange sie korrekt, rechtlich zulässig und nicht irreführend sind.

Haftungsausschluss

KURZ
Allgemein gilt ein Haftungsausschluss eher als schädlich denn als nützlich und deshalb wird von der Nutzung abgeraten. Er wird auch als Disclaimer bezeichnet.

ERKLÄRUNG

Im Prinzip geht es um die Frage der Haftung für Links und fremde Inhalte. Sollte also diesbezüglich ein Disclaimer in Betracht gezogen werden, wird mittlerweile davon abgeraten. Denn es wird davon ausgegangen, dass ein Seitenbetreiber bewusst Links setzt und sich über deren Inhalte im Klaren ist. Davor schützt auch ein pauschaler Haftungsausschluss im Impressum nicht.

Sollte die Haftungsklausel darüber hinaus auch noch fehlerhaft formuliert sein, kann diese sogar abgemahnt werden.

FAZIT

Kontrolliere besser regelmäßig verwendete Links zu fremden Seiten und entferne sie sofort, sobald sie nicht mehr funktionieren oder zu rechtswidrigen Inhalten führen.

Drittanbieter/Plugins/Tools

- Newsletter
- Kontaktformular

Newsletter

KURZ

1. Achte darauf, dass die Nutzer bei der Anmeldung der Datenschutzerklärung zustimmen, bevor sie auf den „Abonnieren"-Button klicken. Das Kontrollkästchen dafür sollte ein Pflichtfeld sein.
2. Der Anmeldeprozess sollte einem Double-Opt-In Verfahren folgen.
3. In jedem versendeten Newsletter und auf der Webseite muss die Möglichkeit gegeben sein, sich von diesem wieder abzumelden.
4. Links zum Impressum und zur Datenschutzerklärung müssen in jedem Newsletter vorhanden sein.
5. Falls der Newsletter Tracking-Funktionen nutzt, müssen diese in der Datenschutzerklärung ausdrücklich erwähnt werden.

ERKLÄRUNG

Newsletter sind elektronische Briefe, die man per E-Mail bekommt. Um regelmäßig über Neuigkeiten informiert zu werden, trägt man sich vorab auf der jeweiligen Webseite über ein „Newsletter-Formular" in eine Newsletterliste ein.

WORAUF MUSS ICH NOCH ACHTEN?

Am besten nutzt du einen Dienstleister für Newsletter, der DSGVO-konform arbeitet. Optimal ist es, wenn dieser seinen Sitz in Deutschland hat und seine Server ebenfalls in **Deutschland (oder zumindest in der EU)** betreibt. So bleiben die Daten in der europäischen Rechtsordnung und das Risiko für einen unzulässigen Datentransfer ist deutlich geringer. Anbieter außerhalb der EU sind zwar grundsätzlich möglich, aber nur mit zusätzlichen Schutzmaßnahmen und sorgfältiger Prüfung. Der Newsletter-Anbieter muss in die **Datenschutzerklärung** aufgenommen werden. Achte außerdem darauf, dass du einen **Auftragsverarbeitungsvertrag** (AV-Vertrag) mit dem Mailanbieter abschließt (*Siehe auch: RECHTLICHE GRUNDLAGEN -> Webseite allgemein -> Datenauftragsverarbeitung)*. Für den Versand deiner Newsletter solltest du unbedingt das **Double-Opt-In-Verfahren** verwenden. Damit stellst du sicher, dass deine Abonnenten ihre Anmeldung bestätigt haben und du ihre Einwilligung nachweisen kannst. Wenn dein Newsletter Öffnungs- oder Klicktracking nutzt (z. B. durch unsichtbare Tracking-Pixel), musst du dies transparent machen und ggf. gesondert eine **Einwilligung** dafür einholen. Tracking ist ein eigener Verarbeitungsvorgang und darf nicht ohne Zustimmung erfolgen. Der Anbieter sollte für seine Newslettervorlagen einen „**Abmeldelink**" immer auch von sich aus hinzufügen, sodass deine Abonnenten jederzeit die Möglichkeit haben, sich aus der Liste auszutragen. Außerdem sollte der Anbieter eine einfache Integration für deine Webseite/dein CMS bieten und dir die Möglichkeit geben, deine Empfängerlisten **DSGVO-konform** zu verwalten (z. B. Löschfristen zu beachten und Einwilligungen nachweisbar zu speichern).
Bekannte Anbieter in Deutschland und der EU sind derzeit unter anderem rapidmail, Brevo und CleverReach.

Kontaktformular

KURZ
Kontaktformulare müssen verschlüsselt sein. Durch die generelle TLS-Verschlüsselung *(https)* ist dies bereits gewährleistet. Zusätzlich sollte eine Checkbox als Pflichtfeld eingefügt werden, die auf die Datenschutzerklärung verweist und bestätigt, dass der Nutzer die Hinweise zur Verarbeitung seiner Daten zur Kenntnis genommen hat.

ERKLÄRUNG

Kontaktformulare dienen der einfachen Kontaktaufnahme des Webseitenbesuchers mit dem Seitenbetreiber. In der Regel sind Felder wie Name und E-Mail-Adresse Pflichtfelder im Kontaktformular, damit man dem Absender antworten und mit Namen ansprechen kann.

HINWEISE

- Wenn man ein Kontaktformular auf seiner Webseite einsetzt, muss dieses zwingend Bestandteil der Datenschutzerklärung *(Siehe auch: RECHTLICHE GRUNDLAGEN -> Inhalt -> Datenschutzerklärung)* sein.

- Ebenso sollte ein Hinweis oder eine Checkbox mit Hinweis und Verlinkung auf die Datenschutzerklärung am Ende des Formulars, vor dem Absende-Button, integriert sein.

- Es sollten nur Daten abgefragt werden, die für die Bearbeitung der Anfrage relevant sind. In der Regel also Name und E-Mail-Adresse. Weitere Felder können hinzugefügt werden, sollten jedoch optional bleiben und nicht als Pflichtfelder markiert werden.

- Über die Kontaktanfrage hinaus dürfen die Daten nicht für anderweitige Zwecke verwendet werden. Sie müssen gelöscht werden, sobald der Zweck der Speicherung entfällt und keine gesetzlichen Aufbewahrungspflichten bestehen.

- Die Daten müssen verschlüsselt übertragen werden, indem idealerweise ein TLS-Zertifikat verwendet wird.

- Wird ein Spam-Schutz wie z. B. Google reCAPTCHA oder ein anderes Drittanbieter-Tool genutzt, muss dies zwingend in der Datenschutzerklärung aufgeführt werden.

- Wenn ein externer Formular-Dienstleister oder ein CRM verknüpft wird, ist ein Auftragsverarbeitungsvertrag (AVV) erforderlich.

BARRIEREFREI

WARUM BARRIEREFREI?

Um möglichst vielen Menschen die Möglichkeit zu geben, die Inhalte deiner Webseite zu verstehen, ist es wichtig, diese so zu gestalten, dass sie auch für Menschen mit unterschiedlichen Einschränkungen zugänglich sind. Indem du die WCAG-Richtlinien (Web Content Accessibility Guidelines) befolgst, machst du deine Webseite zugänglich für Menschen mit Seh-, Hör-, Lern-, Sprach- und motorischen Einschränkungen, aber auch für Menschen mit kognitiven Besonderheiten sowie für Nutzer mit langsamen Internetverbindungen und veralteten Geräten. Die aktuellen Richtlinien sind die WCAG 2.2, die als Grundlage für europäische Barrierefreiheitsvorgaben dienen. Die nächste Generation der Richtlinien, WCAG 3.0, befindet sich bereits in Entwicklung und wird diese Standards langfristig weiterentwickeln.

GESETZESGRUNDLAGE

Das Barrierefreiheitsstärkungsgesetz (BFSG) wurde am 15.06.2022 verabschiedet und gilt ab dem 28. Juni 2025 für bestimmte Dienstleistungen und Produkte, die in der EU bereitgestellt werden. Dazu gehören unter anderem viele digitale Dienstleistungen, darunter auch zahlreiche Webseiten und Online-Shops. Mit diesem Gesetz geht die EU-Richtlinie zur Barrierefreiheit European Accessibility Act (EAA) in geltendes deutsches Recht über. Ergänzend gelten die technischen Anforderungen der europäischen Norm EN 301 549, die festlegt, wann digitale

Inhalte als barrierefrei gelten. Das BFSG richtet sich speziell an den privatwirtschaftlichen Bereich.

AUSNAHMEN

Da die Umstellung meist mit einem gewissen Aufwand verbunden ist, hat der Gesetzgeber Ausnahmen definiert. Diese betreffen unter anderem Unternehmen mit weniger als 10 Beschäftigten und einem Jahresumsatz von weniger als 2 Millionen Euro. Wer unter diese Schwelle fällt, muss keinen barrierefreien Webauftritt anbieten.

EMPFEHLUNG

Es gibt viele gute Gründe, deine Webseite barrierefrei zu gestalten. Sie trägt zu einer inklusiven Gesellschaft bei, erweitert deine Zielgruppe, ermöglicht eine bessere Benutzererfahrung, ist ein wichtiger Rankingfaktor für Google und ist besser auf zukünftige Entwicklungen vorbereitet. Setze sie also bestmöglich um, auch wenn du nicht dazu verpflichtet bist.

TIPP

Stelle das CSS auf deiner Seite aus und schaue, ob alles ordentlich gegliedert sowie zugeordnet ist und stell dir folgende Fragen:

- Kann ich den Sinn und Inhalt meiner Seite verstehen?
- Kann ich sie immer noch einfach bedienen?
- Nutze zur Bedienung auch einmal nur deine Tastatur. Kommst du überall einfach hin?

Design

- Darstellung
- Elemente
- Formularfelder
- Typografie

Darstellung

KURZ
Beim Design kommt es vorrangig darauf an, dass alles gut erkennbar und lesbar ist. Das betrifft vor allem die Farbwahl, die Schriftgröße und -art, die Anordnung und die Aktionen bestimmter Elemente.

ERKLÄRUNG

Bei der farblichen Gestaltung sollte vor allem darauf geachtet werden, dass diese einen hohen Kontrast aufweist. Sollte dies nicht möglich sein, sollte dem Nutzer die Möglichkeit gegeben werden, über einen Button oder ein DropDown-Menü mit weiteren Einstellungsoptionen (Accessibility Panels), die Ansicht zu ändern, sodass diese dann zum Beispiel nur schwarz-weiß dargestellt wird. Dies erleichtert sehbehinderten Menschen die Lesbarkeit und Nutzung der Webseite.

WORAUF MUSS ICH BEI ANIMATIONEN ACHTEN?

Achte darauf, dass keine flackernden oder blinkenden Elemente eingebaut werden, da dies bei Menschen mit Migräne oder Epilepsie Anfälle auslösen kann. Das gleiche gilt bei der Geschwindigkeit von Bildwechseln in Slidern. Animationen, Slider oder bewegte Bereiche sollten außerdem pausierbar sein

WOHER WEIß ICH, WELCHE FARBKOMBINATIONEN UND KONTRASTVERHÄLTNISSE GEEIGNET SIND?

Es gibt hilfreiche Seiten im Internet, mit denen sich Farbfehlsichtigkeiten testen lassen. So kann geprüft werden, ob die gewählten Farben barrierefrei sind.

Beispiel:

https://barrierefreies.design/barrierefreiheit-interaktiv-testen/farbenfehlsichtigkeit-simulieren

Bei der farblichen Gestaltung sollte ebenfalls auf ausreichend hohe Kontraste geachtet werden. Die WCAG 2.2 (und EN 301 549) verlangen in der Regel einen Kontrast von mindestens 4.5:1 für Text und 3:1 für Bedienelemente. Dies kann man mit einem „Kontrastrechner" ganz einfach überprüfen. Einfach in der Suchmaschine danach suchen, es gibt verschiedene Webseiten, die dies kostenfrei anbieten.

Wenn bestimmte Designs dieses Kontrastverhältnis nicht ermöglichen, kann optional eine alternative Ansicht wie ein „Dark-/Light-Mode" oder vergrößerte Schrift angeboten werden. Verpflichtend ist das jedoch nicht, da moderne Browser diese Funktionen bereits unterstützen.

Elemente

KURZ
Achte darauf, dass sich Elemente (wie Buttons, Linktexte, Menüpunkte deiner Navigation, Bilder) bei einer Aktion des Nutzers auffällig verändern, eine Mindestgröße aufweisen, gut erkennbar sind und ausreichend Abstand zueinander haben.

ERKLÄRUNG

Aktionen des Nutzers sollten eine Veränderung des Elements auslösen. Bei einer Schaltfläche, wie einem Button, sollte sich das Aussehen je nach Hover, Focus, Klick oder Normalzustand auffallend verändern.

WIE KANN SO EINE VERÄNDERUNG AUSSEHEN?

Es kann sich der Helligkeitsgrad ändern, der Button größer werden, nur noch einen Rand darstellen oder sich vollflächig ausfüllen. Zusätzlich kann sich auch die Farbe ändern. Jedoch wäre es hier ratsam, die Änderungen in den Helligkeitsstufen vorzunehmen, anstatt in einer gleichen Helligkeitsstufe bei anderer Farbe. Linktexte können ebenfalls die Farbe ändern und zeitgleich im Fettdruck erscheinen. Bilder könnten einen Rahmen bekommen oder von schwarz-weiß zu Farbe wechseln oder leicht zoomen.

Wichtig: Farbwechsel allein reichen nicht. Es muss sich auch etwas an der Form oder Größe ändern.

<u>Beispiel 1:</u>

Der Hintergrund des Buttons verändert sich sehr deutlich, in dem er farblich ausgefüllt oder reduziert wird, sobald man mit dem Mauszeiger über ihm schwebt. Die Textfarbe passt sich dem Hintergrund an, sodass ein hoher Kontrast entsteht und der Text gut lesbar ist. Laut WCAG sollte Farbe allein nicht als einziges Merkmal genutzt werden, um eine Änderung darzustellen. Richtig ist daher, wenn neben der Farbänderung eine zusätzliche nichtfarbliche Änderung stattfindet wie im zweiten Beispiel.

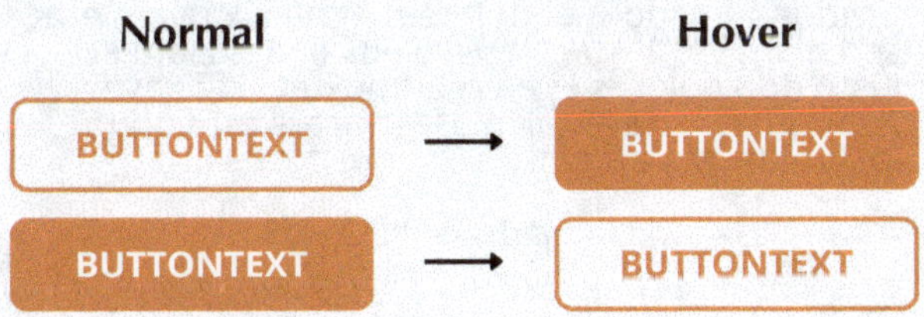

Beispiel 2:

Die Form des Buttons vergrößert sich bei Berührung mit dem Mauszeiger auffällig, sodass klar erkennbar ist, dass eine Interaktion stattfindet.

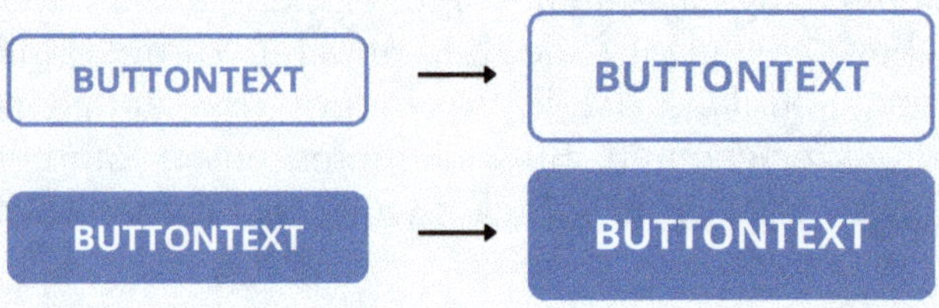

Kombiniere beide Beispiele für eine korrekte Umsetzung.

Um Verlinkungen in einem Text deutlich zu kennzeichnen, werden die Wörter/Wortgruppen idealerweise unterstrichen, farblich hervorgehoben und fettgedruckt dargestellt.

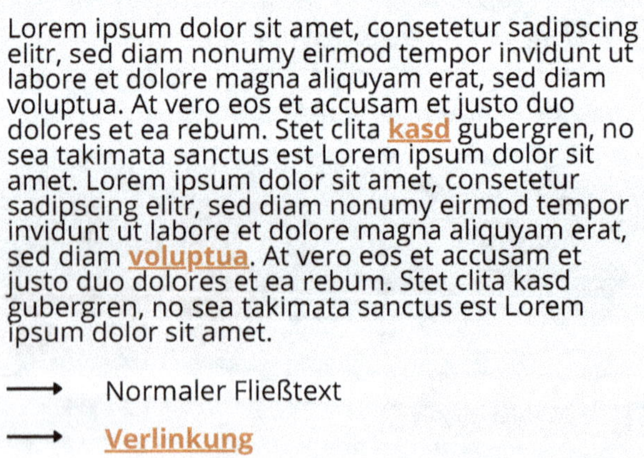

Formularfelder

KURZ
Gestalte Formularfelder so, dass sie sich bei Interaktion deutlich verändern, farblich sowie gestalterisch oder über Symbole. Füge erklärende Texte ein und achte darauf, dass alle Felder eindeutig beschriftet sind. Auch bei Bedienung per Tastatur muss der Fokuszustand klar sichtbar sein.

ERKLÄRUNG

Aufgrund der hohen Zahl an Menschen mit einer Rot-Grün-Sehschwäche oder anderen visuellen Einschränkungen sollte bei Formularfeldern nicht allein über Farben angezeigt werden, ob eine Eingabe erfolgreich oder fehlerhaft war. Zusätzlich müssen sich Elemente selbst verändern. Zum Beispiel durch deutliche Rahmen, Symbole oder klar formulierte Hinweistexte, die erklären, was falsch eingegeben wurde und wie der Fehler behoben werden kann.
Komplexe Formulare sollten in Fieldsets gegliedert und alle Formularfelder eindeutig beschriftet werden. Die Labels müssen technisch korrekt mit den Feldern verknüpft sein, damit Screenreader sie zuverlässig erfassen können. Außerdem sollte der Fokuszustand eines Feldes klar sichtbar sein, damit auch Tastaturnutzer jederzeit erkennen können, wo sie sich befinden.

Beispiel:

Formularreaktion bei fehlerhafter oder fehlender Eingabe: Die entsprechenden Felder werden farblich hervorgehoben, erhalten zusätzlich einen schriftlichen Hinweis, und die Screenreader-Ausgabe wird unterstützt.

Bei erfolgreichem Versand erscheint ein Bestätigungstext (farblich hervorgehoben und als Klartext).

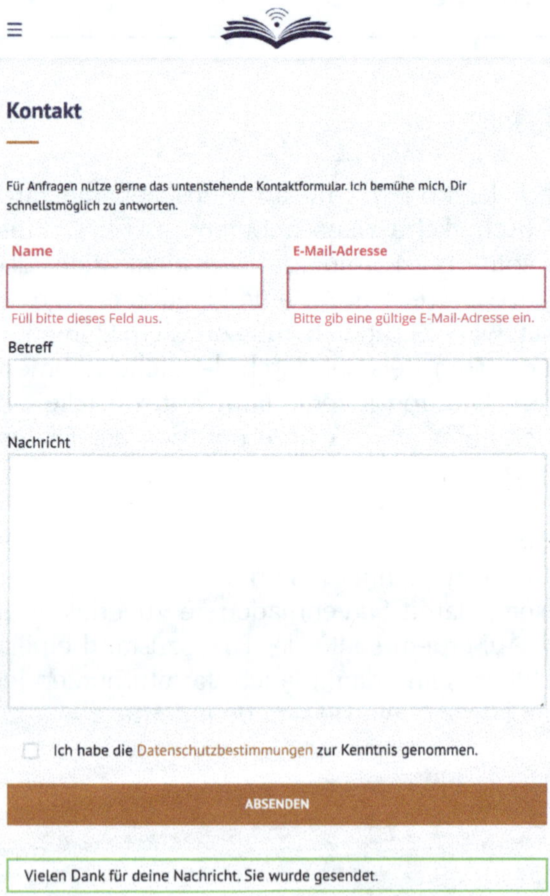

Typografie

KURZ

Das Kontrastverhältnis von Schriftfarbe zur Hintergrundfarbe sollte idealerweise 7:1 betragen.
Der Mindestwert nach WCAG liegt bei 4,5:1 (normaler Text) bzw. 3:1 (großer Text).
Schriftgröße von Fließtext ist idealerweise 16px.
Nutze bevorzugt, aber vor allem für Fließtexte, serifenlose Schriftarten.

ERKLÄRUNG

Bei der Typografie gehen wir auf die Schriftart, die Schriftgröße und den Farbkontrast der Schriftfarbe zum Hintergrund ein. Ziel ist es, dass auch Legastheniker Texte leicht lesen können, wofür insbesondere eine gut lesbare Schriftart verwendet werden sollte.

Das Kontrastverhältnis der Schriftfarbe zur Hintergrundfarbe ist im Idealfall 7:1. Bei großen Schriften ab 18pt bzw. 14pt fett, darf das Kontrastverhältnis bei 4,5:1 liegen. Solltet ihr selbst programmieren, dann nutzt für die Schriftgrößen lieber em- oder %- anstelle von von px-Angaben.

WELCHE SCHRIFTGRÖßE IST OPTIMAL?

12-16px werden empfohlen. Google selbst gibt vor, dass mehr als 60% des Seitentextes eine Schriftgröße von mindestens 12px aufweisen muss. Daher nutze idealerweise 16px für Fließtexte. Dann ist dein Text wirklich optimal lesbar und es schadet auch dem Aussehen deiner Webseite nicht.

WIE KANN ICH DAS KONTRASTVERHÄLTNIS DES TEXTES TESTEN?

Beispielsweise auf folgender Seite kannst du einfach den Hex-Code deiner Schriftfarbe in Verhältnis zu deiner Hintergrundfarbe setzen:

https://www.siteimprove.com/de/toolkit/color-contrast-checker/

WELCHE SCHRIFTARTEN SIND GEEIGNET?

Serifenlose Schriftarten wie Tahoma, Calibra, Helvetica, Arial, Verdana oder auch Museo Slab sind barrierefrei und für Fließtexte am besten geeignet. Serifenschriften hingegen sind schwerer lesbar und daher maximal für Überschriften geeignet und auch nur, wenn diese groß und kurz sind. Displayschriften, auch Akzidenzschriften, sollten dagegen lieber ganz vermieden werden – für Fließtexte eignen sie sich gar nicht.

HINWEIS:

WCAG empfiehlt keine rein dekorativen Fonts.

Beispiel: *Serifenlos, Serifen, Display*

Serifenlos:

Ich bin eine serifenlose Schriftart, zu meiner Familie gehören zum Beispiel: Arial, Futura, Helvetica, Verdana

Serifen:

Ich bin eine Serifenschrift, zu meiner Familie gehören zum Beispiel: Times New Roman, Palatino, Baskerville

Display:

Ich bin eine Displayschrift, zu meiner Familie gehört zum Beispiel: Academy Engraved

Inhalt

- Texte
- Tabelle
- Videos und Audiodateien
- Gliederung mit H-Überschriften
- Bilder und Grafiken

Texte

KURZ
Biete komplexe Themen oder Inhalte auch in leichter Sprache an. Erkläre Fremdwörter und schreibe Abkürzungen mindestens einmal pro Seite aus. Keinen Blocksatz benutzen. Keine zwei oder mehr Links in einem Text hintereinander positionieren.

ERKLÄRUNG

Um Texte für alle Menschen verständlich zu machen, achtest du in erster Linie darauf, dass diese und auch andere Dokumente in leichter Sprache verfasst sind. Vermeide also komplizierte Sätze, die verschachtelt oder zu lang sind. Solltest du standardmäßig keine leichte Sprache verwenden können/wollen, so biete sie zumindest als auswählbare Option für den Nutzer an. Möglich wäre dies über einen Sprachschalter.

Tooltips

Tooltips sollten möglichst vermieden werden, da viele Tooltip-Implementierungen für sehbehinderte Nutzer, Screenreader-Nutzer sowie Menschen, die eine Tastatur oder ein Mobilgerät verwenden, nicht zugänglich sind. Wenn Tooltips genutzt werden, müssen sie per Tastatur erreichbar, fokussierbar und dauerhaft sichtbar sein.

Fremdwörter

Erläutere Fremdwörter mithilfe eines Glossars, einer Erklärungsliste oder ähnlichem.

Abkürzungen

Abkürzungen werden auf jeder Seite mindestens bei der ersten Benutzung ausgeschrieben. Im HTML-Code kann eine Abkürzung auch mit dem <abbr>-Element erklärt werden.

Formatierungen

Achte darauf, dass der Flattersatz benutzt wird, also kein Blocksatz, und entweder links oder rechtsbündig dargestellt wird. Die Zeilenlänge sollte nicht länger als 80 Zeichen sein und der Zeilenabstand mindestens 1,5pt betragen. Der Abstand zwischen Absätzen sollte mindestens das 1,5-Fache vom Zeilenabstand betragen.

Links

Hin und wieder einen Link im Text zu setzen, ist in Ordnung. Jedoch sollten nicht zwei oder mehr Links hintereinander positioniert werden, da dies den Lesefluss unter anderem für Menschen, die einen Screenreader nutzen, erheblich stört. Am besten nur ein Wort verlinken und zur besseren Erläuterung für Menschen mit Screenreadern oder für die Suchmaschinen darauf achten, dass der Bezug zum Text, also ein Kontext, gegeben ist.
(Siehe Beispiel 1)

Beispiel 1:

```
<p>Die neue Schuhkollektion für das Frühjahr
ist eingetroffen. Alle aktuellen Modelle fin-
det ihr <a href="URL">hier</a>.</p>
```

Im Beispiel ist der Bezug zum Text eindeutig gegeben und man erkennt wo der Link hinführt.

Im Idealfall werden für die höchsten Anforderungen auch die Linktexte direkt eindeutig beschrieben. Anstatt einfache Wörter wie „weiter“, „hier“, „mehr“ wird vom Linktext allein abgeleitet, wo dieser hinführt, unabhängig vom Kontext. *(Siehe Beispiel 2)*

Beispiel 2:

```
<h2><a href=„URL">Neue Schuhkollektion</a></h2>
<p>Die neuen Modelle für das Frühjahr sind
eingetroffen.</p>
<p><a href=„URL">Jetzt Schuhkollektion anse-
hen.</a></p>
```

Folgende Beispiele sind für Personen mit Erfahrung im Umgang mit HTML-Code:

Im folgenden Beispiel ist kein Kontext gegeben:

```
<h2>Neue Schuhkollektion</h2>
<p>Die neue Schuhkollektion für das Frühjahr
ist eingetroffen.</p>
<p> Alle aktuellen Modelle findet ihr</p>
<p> <a href="“URL“>hier</a>.</p>
```

HINWEIS

Das früher häufig verwendete title-Attribut für Links wird nicht mehr empfohlen, weil es von Screenreadern oft ignoriert wird und auf mobilen Geräten nicht erreichbar ist. Nutze stattdessen eindeutige Linktexte oder, falls zusätzliche Informationen nötig sind, ARIA-Attribute wie aria-label oder aria-describedby.

Und das sieht dann so aus:

```
<h2><a id=„linktext-1" href="URL">Neue Schuh-
kollektion</a></h2>
<p>Die neuen Modelle für das Frühjahr sind
eingetroffen.</p>
<p><a aria-describedby=„linktest-1" href=„ar-
tikel.html">weiter</a></p>
```

Der Screenreader gibt dann zuerst den Text im Link wieder und dann den Text, den die id für aria-describedby definiert hat.
Das ganze sieht dann so aus: „weiter Neue Schuhkollektion“. Am wenigsten aufwändig ist es, sich an den Beispielen 1 & 2 in diesem Abschnitt zu orientieren.

Tabellen

KURZ
Verwende, falls nicht unbedingt notwendig, keine Tabellen. Für eine barrierefreie Nutzung müssen Abkürzungen, Akronyme und fremdsprachige Textteile gesondert im HTML der Tabelle ergänzt werden.

ERKLÄRUNG

Tabellen sollten nicht zu reinen Gestaltungszwecken benutzt werden, sondern nur für Inhalte, die auch wirklich einer tabellarischen Darstellung bedürfen. Ansonsten nutze Aufzählungspunkte (Bulletpoints) oder die Textform. Bevor es zu einer unübersichtlichen Tabelle kommt, arbeite lieber mit einer grafischen Darstellung. Erstelle diese mit CSS und verfasse dazu eine Erläuterung in Textform, da CSS in Screenreadern ausgeblendet wird.

<u>Beispiel:</u> *Aufbau Tabelle*

Ist die Tabelle gut aufgebaut, lesen Screenreader automatisch immer zuerst die Spaltenüberschrift und dann den dazugehörigen Inhalt der Tabellenzelle vor.

Beispieltabelle – Überschrift

Titel Spalte 1	**Titel Spalte 2**	**Titel Spalte 3**
Text in Spalte 1 Reihe 1	Text in Spalte 2 Reihe 1	Text in Spalte 3 Reihe 1
Text in Spalte 1 Reihe 2	Text in Spalte 2 Reihe 2	Text in Spalte 3 Reihe 2
Text in Spalte 1 Reihe 3	Text in Spalte 2 Reihe 3	Text in Spalte 3 Reihe 3

Für die erste Zeile klingt dies so:

„Titel Spalte eins, Text in Spalte eins Reihe eins.
Titel Spalte zwei, Text in Spalte zwei Reihe eins.
Titel Spalte drei, Text in Spalte drei Reihe eins."

WIE GESTALTE ICH EINE TABELLE, DIE FÜR SCREENREADER LESBAR IST?

Möglichst mit einer klaren HTML-Struktur für Tabellen.

<u>Erklärung zum nachfolgenden HTML-Code:</u>

table (Tabelle) = Tabelle
thead (table header) = Kopfelement für th
tr (table row) = Tabellenzeile/-reihe
th (table header) = Tabellenkopf / Spaltentitel

tbody (table body) = Tabellenkörper
td (table data) = Tabellendaten/Tabellenzelle

Beispiel HTML-Code für barrierefreie Tabelle:

```
<table>
<caption>Tabellen-Überschrift</caption>

  <thead>
    <tr>
      <th scope="col">Titel Spalte 1</th>
      <th scope="col">Titel Spalte 2</th>
      <th scope="col">Titel Spalte 3</th>
    </tr>
  </thead>

  <tbody>
    <tr>
      <td>Text in Spalte 1 Reihe 1</td>
      <td>Text in Spalte 2 Reihe 1 </td>
      <td>Text in Spalte 3 Reihe 1</td>
    </tr>
    <tr>
      <td>Text in Spalte 1 Reihe 2</td>
      <td>Text in Spalte 2 Reihe 2 </td>
      <td>Text in Spalte 3 Reihe 2</td>
    </tr>
    <tr>
      <td>Text in Spalte 1 Reihe 3</td>
      <td>Text in Spalte 2 Reihe 3</td>
      <td>Text in Spalte 3 Reihe 3</td>
    </tr>
  </tbody>
</table>
```

Grafische Darstellung des vorherigen HTML-Codes:

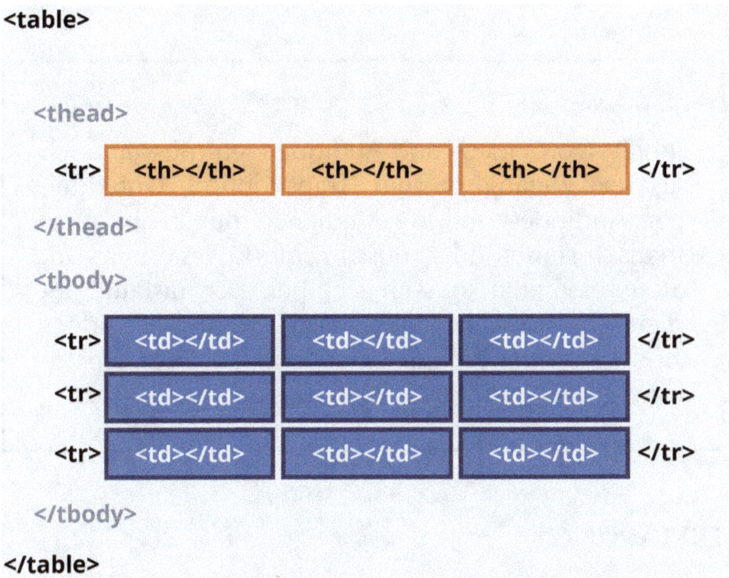

Videos und Audiodateien

KURZ
Inhalte von Video- und Audiodateien müssen auch als Text zugänglich sein (Transkription, Untertitel, ggf. Audiodeskription). Medien dürfen nicht automatisch starten oder müssen sofort passierbar sein. Steuerelemente müssen sichtbar, per Tastatur bedienbar und ausreichend groß sein. Bei Videos sind Untertitel Pflicht, bei wichtigen visuellen Informationen zusätzlich Audiodeskriptionen.

ERKLÄRUNG

Bei Videos und Audiodateien ist darauf zu achten, dass deren Inhalte dem Nutzer auch in Textform zugänglich sind. Videos benötigen Untertitel und gesprochene Inhalte sollen zusätzlich transkribiert werden. Sobald ein Video wichtige visuelle Informationen enthält, die nicht in der Audiospur vorkommen, muss eine Audiodeskription bereitgestellt werden. Für all diese Fälle gibt es einige gute Programme zur einfachen Umsetzung.

Solltest du auch für die Erstellung der Medien zuständig sein, dann sorge dafür, dass die Videoaufnahmen nicht zu schnell geschnitten sind und nicht flackern.
Steuerelemente, wie „Play“, „Stop“, „Pause“ und weitere, sollten sichtbar sein und funktionieren. Videos, Audios und auch Slider sollten nicht automatisch starten.

Beispiel:

Nachfolgende Abbildung zeigt eine Landingpage mit Video. Der Inhalt des Videos wurde mit einem Untertitel verständlich gemacht (besser noch wäre ein Transkript) und es gibt außerhalb des Videos einen Text, welcher den Inhalt ebenfalls wiedergibt.

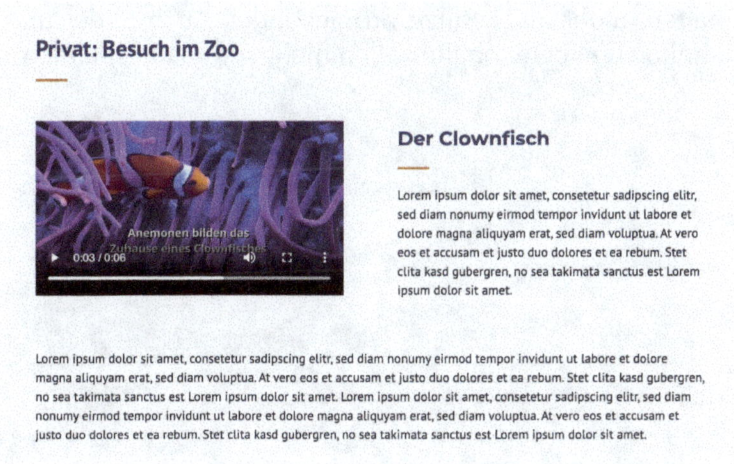

Solltest du nicht über ein CMS-Baukastensystem arbeiten, sondern selber programmieren, brauchst du für Screenreader einen Videotitel (aria-label).

```
<video controls aria-label="Video über den
Clownfisch im Zoo“>
```

WAS MUSS NOCH BEACHTET WERDEN?

Medien dürfen nicht automatisch starten. Falls Autoplay technisch notwendig ist, muss es unmittelbar pausierbar sein. Alle Steuerelemente wie „Play“, „Pause“ oder „Lautstärke“ müssen deutlich sichtbar, per Tastatur erreichbar, mit Fokus erkennbar und ausreichend groß sein (mindestens 24px × 24px). Stelle sicher, dass Videoaufnahmen nicht flackern oder schnelle Lichtwechsel enthalten (mehr als 3 Blitze pro Sekunde). Auch Slider und ähnlich bewegte Inhalte sollen nicht automatisch laufen.

Gliederung mit H-Überschriften

KURZ
Seiten und Texte sollten ordentlich gegliedert sein mit Überschriften und Zwischenüberschriften. Behandelt deine Webseite komplexere Themen, dann mache den Inhalt auch in leichter Sprache zugänglich. Die Texte müssen mit einem Screenreader lesbar sein.

ERKLÄRUNG

Damit deine Webseite für alle Seitenbesucher gut verständlich ist, ist es unerlässlich, jede Seite sinnvoll zu gliedern. Dies gelingt mit den sogenannten H-Überschriften. Das „H" steht in diesem Fall lediglich für "Heading" und bedeutet Überschrift. Es gibt H1 bis H6 und sie „verlieren" in ihrer Wichtigkeit je nach aufsteigender Zahl.

Jede Seite hat genau eine H1-Überschrift, die den Titel, also das Hauptthema, beinhaltet. Alle anderen können beliebig oft vorkommen und gliedern sich ineinander.

Beispiel:

Come ON | The E-Cademy

STARTSEITE VORLAGEN BÜCHER 0€ E-MAGAZIN

PRIVAT: H1 – ÜBERSCHRIFT EXISTIERT NUR 1X AUF JEDER SEITE

Privat: H1 – Überschrift existiert nur 1x auf jeder Seite

Ich bin eine H2 – Überschrift

Ich bin eine H3 Überschrift

Hier befindet sich Fließtext. In HTML mit einem "p" für "Paragraph" gekennzeichnet. Hier befindet sich Fließtext. In HTML mit einem "p" für "Paragraph" gekennzeichnet. Hier befindet sich Fließtext. In HTML mit einem "p" für "Paragraph" gekennzeichnet. Hier befindet sich Fließtext. In HTML mit einem "p" für "Paragraph" gekennzeichnet. Hier befindet sich Fließtext. In HTML mit einem "p" für "Paragraph" gekennzeichnet. Hier befindet sich Fließtext. In HTML mit einem "p" für "Paragraph" gekennzeichnet. Hier befindet sich Fließtext. In HTML mit einem "p" für "Paragraph" gekennzeichnet.

Ich bin eine H3 Überschrift

Hier befindet sich Fließtext. In HTML mit einem "p" für "Paragraph" gekennzeichnet. Hier befindet sich Fließtext. In HTML mit einem "p" für "Paragraph" gekennzeichnet. Hier befindet sich Fließtext. In HTML mit einem "p" für "Paragraph" gekennzeichnet. Hier befindet sich Fließtext. In HTML mit einem "p" für "Paragraph" gekennzeichnet. Hier befindet sich Fließtext. In HTML mit einem "p" für "Paragraph" gekennzeichnet. Hier befindet sich Fließtext. In HTML mit einem "p" für "Paragraph" gekennzeichnet. Hier befindet sich Fließtext. In HTML mit einem "p" für "Paragraph" gekennzeichnet.

Ich bin eine H2 – Überschrift

Ich bin eine H3 Überschrift

Hier befindet sich Fließtext. In HTML mit einem "p" für "Paragraph" gekennzeichnet. Hier befindet sich Fließtext. In HTML mit einem "p" für "Paragraph" gekennzeichnet. Hier befindet sich Fließtext. In HTML mit einem "p" für "Paragraph" gekennzeichnet. Hier befindet sich Fließtext. In HTML mit einem "p" für "Paragraph" gekennzeichnet. Hier befindet sich Fließtext. In HTML mit einem "p" für "Paragraph" gekennzeichnet. Hier befindet sich Fließtext. In HTML mit einem "p" für "Paragraph" gekennzeichnet. Hier befindet sich Fließtext. In HTML mit einem "p" für "Paragraph" gekennzeichnet.

Ich bin eine H3 Überschrift

Ich bin eine H4 – Überschrift

Hier befindet sich Fließtext. In HTML mit einem "p" für "Paragraph" gekennzeichnet. Hier befindet sich Fließtext. In HTML mit einem "p" für "Paragraph" gekennzeichnet. Hier befindet sich Fließtext. In HTML mit einem "p" für "Paragraph" gekennzeichnet. Hier befindet sich Fließtext. In HTML mit einem "p" für "Paragraph" gekennzeichnet. Hier befindet sich Fließtext. In HTML mit einem "p" für "Paragraph" gekennzeichnet. Hier befindet sich Fließtext. In HTML mit einem "p" für "Paragraph" gekennzeichnet. Hier befindet sich Fließtext. In HTML mit einem "p" für "Paragraph" gekennzeichnet.

Im Code würde dies folgendermaßen aussehen:

```
<h1> Gliederung von Webseiteninhalten </h1>

  <h2> Warum Webseite gliedern? </h2>

    <h3> Barrierefrei </h3>

    <h3> Suchmaschinenoptimiert </h3>


  <h2> Wie Inhalte strukturieren? </h2>
    <h3> Die H-Überschriften </h3>
      <h4> Schriftgröße </h4>
      <h4> Schriftart </h4>
      <h4> Farben </h4>


    <h3> weitere Elemente </h3>
      <h4> Bilder und Grafiken </h4>
      <h4> Buttons </h4>

    <h3> Seitenaufbau </h3>
      <h4> Hintergründe </h4>
```

Bilder und Grafiken

(Siehe auch: SEO -> Inhalt -> Alt-Text)

KURZ
Stelle bei Bildern, Icons und Grafiken immer Alternativtexte bereit. Der Alternativtext muss den Inhalt oder Zweck deines Bildes beschreiben. Handelt es sich um reine Dekoration, darf kein Alternativtext gesetzt werden. Komplexe Grafiken benötigen eine ausführliche Beschreibung im Text oder als separate Langbeschreibung. Text in Bildern ist zu vermeiden.

ERKLÄRUNG

Alternativtext oder auch Alt-Text und Alt-Attribut genannt, sind kurze Beschreibungen von Bildern oder Grafiken. Sie werden aus zwei Hauptgründen eingesetzt: Zuallererst im Bereich der Barrierefreiheit und zusätzlich zur Suchmaschinenoptimierung.

Über ein Alt-Attribut gibst du an, was auf dem Bild zu sehen ist. Du beschreibst das Bild also kurz und knapp.
Dies ist eine Hilfe für Menschen mit Einschränkungen, die diese Bilder beispielsweise nicht sehen können. Dann wird ihnen der Text anstelle des Bildes ausgegeben. Das ist also besonders wichtig für Nutzerinnen und Nutzer, die eine Screenreader-Sprachausgabe verwenden aber auch wenn Bilder technisch nicht geladen und angezeigt werden können.

WAS IST ZU BEACHTEN?

Sollte ein beschreibender Text zu lang sein, kann auf einen Untertitel des Bildes verwiesen werden, der die komplette Beschreibung enthält.

Es sollten keine Schriftgrafiken verwendet werden, mit Ausnahme von Logos. Text muss generell direkt auf der Webseite stehen.

Sollen Grafiken vollständig vom Screenreader ignoriert werden, da sie nur als dekoratives Element dienen, dann wird ein Alt-Attribut ohne Textinhalt eingesetzt. Dadurch ignorieren Screenreader das Bild vollständig.

Beispiel: *Hier wird das Bild vom Screenreader ignoriert*

```
<img src="bild.png" alt="">
```

WO GEBE ICH DEN ALT-TAG EIN?

Arbeitest du mit WordPress, ist die Eingabe ganz einfach. Gehe in dein Backend und dann links in der Navigation auf „Medien". Dort klickst du auf das gewünschte Bild. Dieses öffnet sich daraufhin und du kannst verschiedene Texte hinzufügen, unter anderem den „Alternativen Text". Verfahre so mit allen Bildern in deinem Bilderpool.
Nutzt du direkt HTML, dann sieht es wie folgt aus:

<img src="URL DES BILDES" alt="TEXT FÜR ALTERNATIVE TEXT"/>

UNTERSCHIED ALT-TAG UND TITLE-TAG:

Der Alt-Tag ist für die User nicht sichtbar, aber der Title-Tag zeigt den Text eines Bildes an, wenn man mit dem Cursor darüber fährt. Der Title-Tag kann auch für Links genutzt werden und diese näher beschreiben. Wird kein Title-Tag angegeben, erscheint beim Mouseover aber in der Regel der Alt-Text. Wichtig ist, dass der Title-Tag nicht vom Screenreader gelesen wird, sondern nur der Alt-Text.

ZUSÄTZLICHE HINWEISE

Auch in manchen Social Media Kanälen, wie Instagram, kann man zu seinem Post einen Alternativtext hinzufügen. Dies wird leider noch selten genutzt.

Auch bei der Suchmaschinenoptimierung ist die korrekte Nutzung von Alternativtext sinnvoll.
Mehr dazu im Abschnitt SEO-Optimiert -> Alt-Text .

Aufbau

- Navigation & Breadcrumbs
- Drittanbieter
- URLs
- Sprache kennzeichnen

Navigation & Breadcrumbs

(Siehe auch: SEO -> Inhalt -> Navigationsvarianten)

KURZ

Nutze möglichst viele Arten der Navigation auf deiner Webseite. Je mehr Inhalte deine Seite hat und je verzweigter sie ist, desto wichtiger und hilfreicher sind zusätzliche Navigationsmöglichkeiten wie Breadcrumbs, Suchfelder oder eine Sitemap.

ERKLÄRUNG

Integriere eine einfache Navigation ohne viele verwirrende oder zu verzweigte Unterpunkte. Sie sollte einfach ohne Maus und nur mit der der Tastatur bedienbar sein.
Es sollte mindestens eine Alternative zur Navigation angeboten werden. Dies kann eine Suchfunktion oder ein anderes Menü, wie eine Sitemap, sein. Jede Navigation, die du auf deiner Webseite anbietest, sollte auf möglichst viele verschiedene Arten nutzbar sein. Auf jeden Fall aber mit Computermaus oder nur mit der Tastatur. Sprachbefehl oder die Touchfunktion sind ebenfalls zwei Optionen, die man testen und bei Bedarf in Erwägung ziehen kann.

Beispiel Navigationsarten:

Im folgenden Beispiel sehen wir eine Vielzahl von Navigationsmöglichkeiten und -elementen.

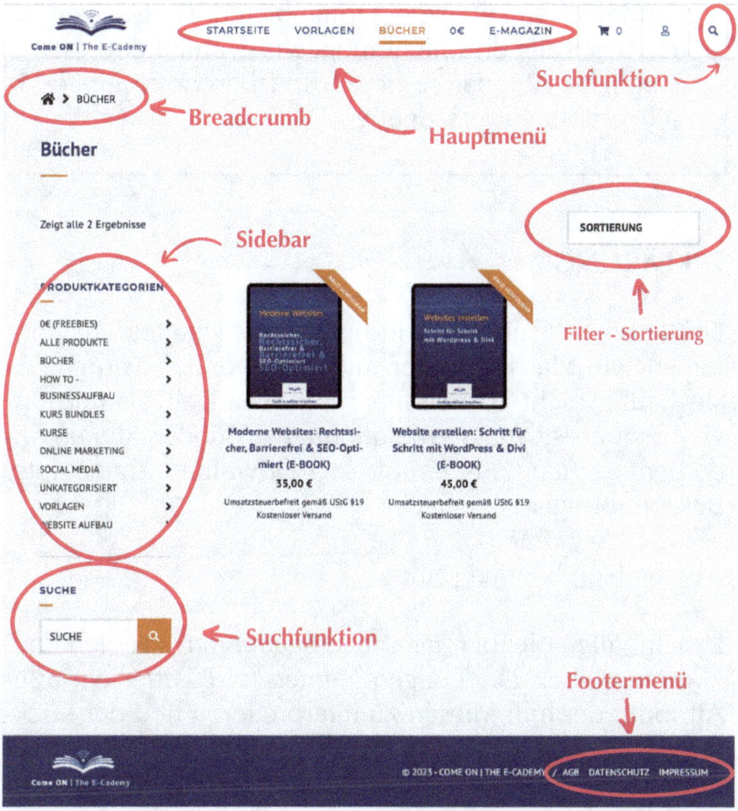

Erläuterungen zu den einzelnen Navigationsarten findest du unter: SEO -> Inhalt -> Navigationsvarianten.

Drittanbieter

KURZ
Vermeide eingebettete Drittanbieterlösungen wie iFrames. Falls dies nicht möglich ist, stelle eine zugängliche Alternative bereit und beschrifte eingebundene Inhalte eindeutig.

ERKLÄRUNG

Drittanbieterlösungen – insbesondere veraltete Technologien wie Flash – sollten nicht verwendet werden, da sie häufig nicht barrierefrei sind. Wenn ein iFrame unvermeidbar ist, muss eine alternative Wiedergabemethode bereitstehen (z. B. ein direkter Download, Transkripte, Beschreibungen).

<u>Alternativen können sein:</u>

Die Inhalte, die per iFrame eingebunden werden, bekommen einen eindeutigen Namen (z. B. über ein title-Attribut), der hilft, diesen zu interpretieren und der Rückschlüsse auf den Inhalt gibt. Falls es sich um Videos handelt, müssen Untertitel und Beschreibungstexte vorhanden sein.

Zum Beispiel wenn du Banner auf deiner Webseite eingebunden hast, dann bezeichne diese entsprechend mit name=„Bannerwerbung“ oder ähnlichem.

URLs

KURZ
Sorge dafür, dass die URLs deiner Webseite thematisch strukturiert sind. Verzeichnisnamen sollten so gewählt sein, dass man bereits anhand der URL erkennen kann, wohin diese führt. Nutze möglichst nicht mehr als drei Verzeichnisse, um Orientierung, Barrierefreiheit und SEO zu verbessern.

ERKLÄRUNG

URL ist die Abkürzung für „Uniform Resource Locator" und bezeichnet eine Adresse, die einen Pfad zu einer Datei auf einem Server angibt. Mit einer URL können nicht nur Webseiten, sondern auch alle möglichen digitalen Inhalte angesteuert werden. Die Domain ist Bestandteil einer URL.
In Form eines Links, als Texteingabe, NFC-Tag oder über einen QR-Code kann man die URL aufrufen und das Ziel zugänglich machen. QR-Codes auf Webseiten gelten als Nicht-Text-Inhalte und müssen seit WCAG 2.0 einen Alternativtext erhalten, der beschreibt, wohin der Code führt oder welche Aktion er auslöst.

<u>Beispiel:</u> *QR-Code.*

Er enthält einen Link zu einer Webseite. Man kann ihn mit der Handykamera scannen und gelangt direkt dorthin.

WIE IST EINE INTERNETADRESSE AUFGEBAUT, AUS WELCHEN TEILEN BESTEHT SIE?

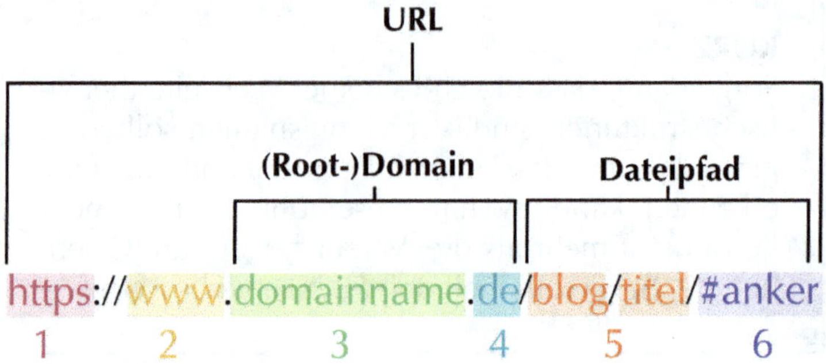

1 = Netzwerk-Protokoll
2 = Subdomain (Third-Level-Domain)
3 = Domain-Name (Second-Level-Domain)
4 = Domain-Endung (TLD = Top-Level-Domain)
5 = Verzeichnis
6 = Anker

(1) Das **Netzwerk-Protokoll** (https://, ftps://, file:// usw.) bildet den ersten Teil einer Internetadresse. Für uns ist das https (Hyper Text Transfer Protocol Secure) relevant. Wenn das Protokoll auf „s" endet, also https (Hyper Text Transfer Protocol ***Secure***), ist die Verbindung per **TLS-Zertifikat** (häufig noch als „SSL" bezeichnet) verschlüsselt und geschützt. *(Siehe auch: RECHTLICHE GRUNDLAGEN -> Webseite Allgemein -> SSL/TLS/HTTPS).*

(2) Die **Subdomain** hat keine allzu große Bedeutung mehr, bringt aber einige Vorteile mit sich. Zum Beispiel kannst du shop.deindomainname.de anlegen und darunter ein eigenes Shop-System installieren, wenn du es ge-

trennt von deiner Hauptseite halten möchtest. Das ist nicht nur einfach umzusetzen, sondern auch stressfrei, da du dir keinen neuen Domainnamen ausdenken musst und diesen nicht zusätzlich registrieren musst. So wurde es auch einige Zeit mit mobilen Webseiten gemacht. Diese bekamen ein „m“ für „mobil“ als Subdomain und wurden nur für mobile Endgeräte wie Handys erstellt.

Beispiel: *m.deindomainname.de*

Heutzutage macht man das allerdings nicht mehr und legt die Hauptseite gleich responsive an, sodass diese sich an alle Endgeräte anpasst.

(3) Am wichtigsten ist für dich der **Domain-Name**. Bei diesem ist vor allem in Hinsicht auf das Markenrecht Vorsicht geboten, sodass du keinen Domain-Namen benutzt, der markenrechtlich geschützt ist oder Verwechslungsgefahr erzeugt. Die gesetzlichen Bestimmungen, die solche Konfliktfälle regeln sollen, ergeben sich aus dem Markengesetz. Geschützt werden nach dem Markengesetz Marken, aber auch Namen (von Personen), Firmen und besondere Kennzeichnungen eines Geschäftsbetriebs. *(Siehe auch: RECHTLICHE GRUNDLAGEN -> Webseite Allgemein -> Domain)*

(4) Die **Top-Level-Domain** ist die Domain-Endung. Es gibt länderspezifische TLDs, generische TLDs und zahlreiche neue Endungen, die seit einigen Jahren verfügbar sind. *(Siehe auch: RECHTLICHE GRUNDLAGEN -> Webseite Allgemein -> Domain)*

(5) Das **Verzeichnis** einer URL bildet meist eine hierarchische Struktur ab, die einer Ordnerstruktur auf dem Webserver nachgebildet ist. Ein Verzeichnis ist dabei ein Ordner, in dem die Dateien einer Webseite liegen. Un-

terseiten einer Webseite werden häufig über solche Verzeichnisse dargestellt und können als URL direkt eingegeben und aufgerufen werden. Allerdings entspricht diese Struktur bei modernen Webseiten nicht immer der tatsächlichen Ordnerstruktur auf dem Server, sondern wird oft technisch erzeugt.

(6) **Anker** oder auch Sprungmarken genannt, bringen dich direkt zu einem bestimmten Punkt auf einer Seite. Sie sind besonders nützlich für Barrierefreiheit, Inhaltsverzeichnisse und lange Texte.

VERSCHIEDENE ARTEN VON URLS

Website-URL

Natürlich interessiert uns in Bezug auf Webseitengestaltung und -optimierung vor allem die URL als Webadresse für Internetseiten.

Um die URLs deiner Webseite nun so einfach und nachvollziehbar wie möglich zu gestalten, solltest du darauf achten, dass sie thematisch gleich strukturiert sind. Die Hauptseiten folgen gleich nach der Domain, die Unterseite nach einer Hauptseite und so weiter.
So ist für den Nutzer eindeutig erkennbar, wo er sich auf deiner Seite befindet. Eine gut lesbare URL sieht wesentlich seriöser aus.

Blogbeitrag:
www.domain.de/Hauptthema/unterthema/titel-beitrag

Unterseite:
www.domain.de/Hauptthema/unterseite/unterunterseite

Datei-URL & weitere

Gibst du diese URL in deinem Browser ein, öffnet sich dort die Datei von deinem Computer, die du ausgewählt hast.

file:///C:/Users/Name/Desktop/Bild-Dateiname.jpg

Es gibt auch URL-Schemes mit denen man bestimmte Aktionen verbinden kann, wie mailto: um einen Link zu erzeugen, der direkt zu einem E-Mail-Programm führt und dort die genannte Mailadresse im Feld „Empfänger" füllt.

Beispiel:

```
mailto:kontakt@deindomainname.de
```

Sprache kennzeichnen

KURZ

Gib an, in welcher Sprache deine Webseite verfasst wurde. Sollte sich innerhalb eines Textes die Sprache ändern, dann kennzeichne dies mithilfe eines Sprachattributs (lang). Für maximale Kompatibilität kann zusätzlich xml:lang verwendet werden.

ERKLÄRUNG

Um Screenreadern verständlich zu machen, welche Sprache man nutzt, kann man entsprechende Attribute und Stylesheets benutzen. So können sie Texte korrekt wiedergeben. Auch wenn sich im Text die Sprache ändern sollte, machst du dies kenntlich, damit Screenreader darauf reagieren können.

WIE SETZE ICH MARKUPS FÜR DIE SPRACHE?

Allgemein wird die Sprache einer Webseite über ein Lang-Attribut angegeben. Optional kann zusätzlich xml:lang gesetzt werden. „Lang“ steht in diesem Fall für „language“ (deutsch: Sprache). Es wird im HTML Element deiner Seite angegeben und dort auf alle weiteren, ihm untergeordneten Elemente, vererbt *(Siehe auch: SEO -> Inhalt -> Struktur & Gliederung)*. „Lang” basiert auf ISO 639 (Sprachcode), kombiniert mit einem optionalen Regionalcode nach ISO 3166.

Allgemeine Angabe für die gesamte Webseite:

```
<!DOCTYPE html>
<html lang="de-DE" xml:lang="de-DE">
  <head>...</head>
  <body>...</body>
</html>
```

Anstelle von **de-DE** kann auch nur **de** angegeben werden. Das erste Kürzel de steht in diesem Fall für die Sprache in Kleinbuchstaben. Getrennt durch einen Bindestrich folgt dann das Kürzel des Landes in Großbuchstaben. Dies kann zum Beispiel auch de-CH (Sprache deutsch - Land Schweiz) oder de-AT (Sprache deutsch - Land Österreich) sein. Die Kürzel folgen dabei dem ISO-Code für Länder.

Kennzeichnung für einzelne Wörter oder Textpassagen:

```
<p>
  Erfahren Sie mehr über uns, indem Sie in
  den Sozialen Netzwerken auf
  <span lang="en">Follow!</span> drücken
</p>
```

```
<p lang="en">
  For example there is a text in another
  language.
</p>
```

WIE SETZE ICH MARKUPS FÜR DIE SPRACHE BEI WEBSEITEN-BAUKASTENSYSTEMEN WIE WORDPRESS & CO.?

Bei WordPress und ähnlichen Systemen lässt sich die Hauptsprache der Website in der Regel sehr einfach festlegen. In WordPress findest du diese Einstellung im Backend unter Einstellungen → Allgemein. Gehe nun zum Abschnitt „Sprache der Website". Dort wählst du die gewünschte Sprache aus. Die gewählte Sprache wird automatisch als lang-Attribut im <html>-Element gesetzt und gilt sowohl für die Website als auch das Backend.
Bei mehrsprachigen Seiten regeln Plugins wie WPML die Vergabe der entsprechenden lang-Attribute und hreflang-Links automatisch.

SEO

WAS BEDEUTET SEO?

Die Abkürzung SEO bedeutet Search Engine Optimization, übersetzt also Suchmaschinenoptimierung.

Wenn von Suchmaschinenoptimierung gesprochen wird, dann bedeutet dies in erster Hinsicht, dass alle technischen, inhaltlichen und strukturellen Maßnahmen ergriffen werden, um eine Webseite so sichtbar wie möglich in der organischen Suche von Suchmaschinen zu machen.
Ziel ist es, dass eine Webseite möglichst häufig auf den Suchergebnisseiten der Suchmaschine angezeigt und besucht wird, ohne dafür Geld in Werbeanzeigen investieren zu müssen. Wir möchten mit der Suchmaschinenoptimierung also eine maximale Sichtbarkeit erreichen und mehr Besucher auf unsere Seite holen.

WAS BEDEUTET ORGANISCHE SUCHE?

Die organische Suche bezieht sich auf die natürlichen, unbezahlten Suchergebnisse, die von Suchmaschinen aufgrund ihrer Relevanz für die eingegebene Suchanfrage gelistet werden. Anders als bei bezahlten Anzeigen basiert die Platzierung in den organischen Suchergebnissen auf der Qualität und Relevanz des Inhalts sowie auf Faktoren der Suchmaschinenoptimierung (SEO).

FÜR WEN OPTIMIERE ICH? GOOGLE ODER DEN NUTZER?

Um ein möglichst hohes Ranking in den Suchmaschinenergebnissen (kurz SERPS = "Search Engine Results Pages“) zu erreichen, musst du dich auf das fokussieren, was der Besucher bzw. deine Zielgruppe erwartet. Google und auch andere Suchmaschinen verfolgen das Ziel, den Suchenden die relevantesten und hilfreichsten Inhalte bereitzustellen. Seit 2024 hat Google sein „Helpful Content System“ direkt ins Ranking integriert.

Das bedeutet: Inhalte, die echten Mehrwert, Erfahrung (E-E-A-T) und Nutzerorientierung bieten, haben Vorteile gegenüber reinen SEO-Texten

TIPP

Nutze auch Google Pagespeed Insights um deine Webseite bewerten zu lassen und anhand der Vorschläge zu optimieren. Zusätzlich kann man die Webseite regelmäßig in der Google Search Console überwachen, um Crawling-Fehler, Indexierungsprobleme oder Performance-Warnungen frühzeitig zu erkennen.

WICHTIGE RANKING-FAKTOREN FÜR GOOGLE:

- **Inhalte & Suchintention (People-First Content)**
  Inhalte müssen genau das beantworten, was Nutzer mit ihrer Suchanfrage wirklich herausfinden wollen. Google belohnt hilfreiche, verständliche und thematisch passende Inhalte. Reine „SEO-Texte“ mit Keyword-Spam haben längst ausgedient.

- **E-E-A-T (Experience, Expertise, Authority, Trust)**
  Google bewertet, ob Inhalte von kompetenten, erfahrenen und vertrauenswürdigen Quellen stammen, besonders bei sensiblen Themen wie Gesundheit usw..

- **Technische SEO & Crawlbarkeit**
  Achte auf indexierbare Seiten, funktionierende interne Verlinkung, klare Struktur, fehlerfreie Sitemap/robots.txt sowie strukturierte Daten.

- **Page Experience & Performance**
  Hierzu zählen schnelle Ladezeiten (LCP), gute Interaktion (INP) und stabile Darstellung (CLS).

- **Mobilfreundlichkeit**
  Google bewertet in erster Linie die mobile Version einer Webseite. Sie muss auf Smartphones schnell, übersichtlich und einfach in der Nutzung sein.

- **Sicherheit**
  HTTPS ist Standard. Verschlüsselte, sichere Websites schaffen Vertrauen und werden bevorzugt.

- **Backlinks**
  Links von hochwertigen, thematisch passenden und seriösen Domains zählen mehr als reine Anzahl.

- **Engagement**
  Verweildauer, CTR, Absprungraten beeinflussen indirekt Rankings über Nutzerverhalten-Signale.

- **Marken- & Sichtbarkeitssignale**
  Erwähnungen in generativen Suchergebnissen (KI-Ergebnisse, Rich Results) können Sichtbarkeit und indirekt Ranking stärken.

Inhalt

- Struktur & Gliederung
- Bilder
- MetaDaten
- Alt-Text
- Navigationsvarianten
- 404-Fehlerseiten
- Duplicate Content
- Themen
- Backlinks

Struktur & Gliederung

KURZ
Sorge für eine klare und gut gegliederte Struktur – sowohl inhaltlich (z. B. Überschriften) als auch technisch (HTML).

ERKLÄRUNG

Mit Struktur ist sowohl die Seitenarchitektur als auch die inhaltliche Gliederung einer Webseite gemeint. Beide sollten selbsterklärend und gut durchdacht sein.

Damit eine Suchmaschine herausfinden kann, ob deine Seite eine hohe Relevanz für eine Suchanfrage hat, nutzt sie semantisches HTML (Markup). Dieses strukturiert die Seite übersichtlich und lässt die Suchmaschinen erkennen, welches Thema du behandelst. Zu diesem Markup gehören unter anderem die H-Überschriften, die wir bereits im Kapitel „**BARRIEREFREI**“ kennengelernt haben.

Der Begriff "Markup" bezeichnet allgemein Auszeichnungssprachen wie HTML, die Inhalte für Browser und Suchmaschinen strukturieren und semantisch gliedern. Die bekannteste und vorrangig genutzte Sprache für Webseiten ist die Hypertext Markup Language - kurz: HTML.

Und genau in dieser Sprache wird eine Webseite aufgebaut, strukturiert und formatiert.

WIE SIEHT DAS GENAU AUS?

Damit eine Seite im Internet überhaupt sichtbar gemacht werden kann, steht am Anfang immer, in welcher „Sprache" sie verfasst wurde.

So sieht das ganze dann als Code aus:

```
<!DOCTYPE html>
```

Darauf folgt der grobe Aufbau:

```
<html lang="de">
<head>
    <meta charset="utf-8">
</head>
<body>
</body>
</html>
```

Im **Head**-Bereich stehen alle Daten, die für die Funktion und Erkennung einer Webseite wichtig sind. Suchmaschinen werten den HEAD-Bereich aus, indexieren ihn jedoch nicht als sichtbaren Inhalt. Er ist daher für den Webseitenbesucher nicht sichtbar.

Im **Body** steht der Inhalt, der für deine Webseiten Besucher sichtbar ist. Dieser unterteilt sich in drei Bereiche: Header, Main und Footer. Wobei <header> und <footer> mehrfach vorkommen können, <main> jedoch nur einmal pro Seite.

<u>Beispiel:</u> *Body*

```
<html lang="de">
<head>
    <meta charset="utf-8">
</head>
<body>
    <header></header>
    <main></main>
    <footer></footer>
</body>
</html>
```

TIPP

Man kann sich HTML als einen Körper vorstellen und CSS als Make-up. Dabei stellt HTML den Aufbau/Körper dar und CSS das Aussehen und Layout. Möchtest du mehr erfahren, dann schau mal unter:

- wiki.selfhtml.org
- w3schools.com

HINWEIS

Suchmaschinen erfassen die gesamte Seite, auch den Footer. Links in der Hauptnavigation werden jedoch häufiger angeklickt und sind daher für Google oft wichtiger als Links im Footer.

WIE GLIEDERE ICH MEINE WEBSEITE RICHTIG?

Die ideale Gliederung folgt sowohl inhaltlich als auch strukturell einer klaren und logisch aufgebauten Struktur.

Beispiel: *Aufbau Webseite*

Mit HTML als auch mit Hilfe von CMS wie WordPress nach diesem Schema umsetzbar.

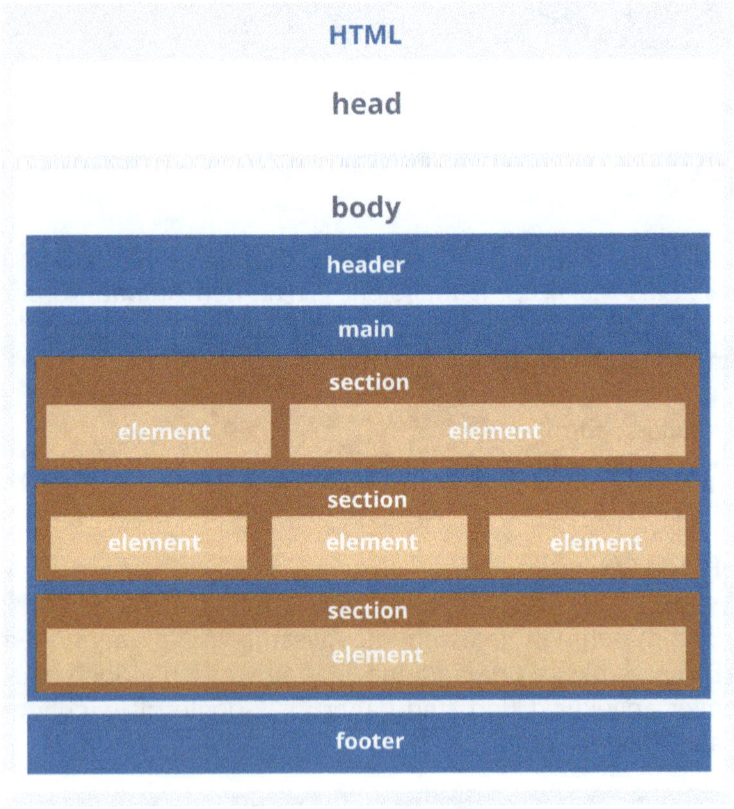

URL UND VERZEICHNISSE

Bei Verzeichnissen oder auch URL-Pfaden sei gesagt, dass diese ebenfalls logisch aufeinander aufbauen sollten. *(Siehe auch: BARRIEREFREI -> Aufbau -> URLs)*

TIPP

Inhalte performen in der Regel besser, wenn sie in einem Verzeichnis stehen als in einer Subdomain, weil Google Inhalte auf derselben Domain leichter thematisch zuordnen kann. Damit alles übersichtlich bleibt, ist eine flache URL-Struktur sinnvoll, auch wenn die Tiefe einer URL kein direkter Rankingfaktor ist. Nutze daher übersichtlicherweise nicht mehr als drei Verzeichnisse.

<u>Beispiel:</u>

www.avendbloom.de/produkt-kategorie/buecher/
-> Ist besser als: buecher.avendbloom.de

Bilder

KURZ
Nutze für deine Webseite bevorzugt WebP oder Bilder im JPG-Format. Für Logos SVG. Vergib klare Dateinamen. Ein Bild sollte möglichst klein gehalten werden (z. B. unter 250 kb, wenn möglich).

ERKLÄRUNG

Der Begriff „Bilder" bezieht sich hier auf alle Abbildungen, die auf einer Webseite Verwendung finden können. In der Regel sind das Fotografien und Grafiken.

Gekonnt eingesetzt, werten sie eine Webseite auf und machen sie für den Besucher verständlicher und attraktiver.
Um nun genau zu verstehen, wie wir Bilder für Nutzer und Suchmaschinen optimieren können, schauen wir uns an, was überhaupt optimierbar ist. Das wäre in erster Linie die Dateigröße eines Bildes, welche Einfluss auf den Speicherplatz des Servers sowie auf die Ladegeschwindigkeit deiner Seite hat. Auch der Name des Bildes und seine Hintergrundbezeichnung *(Siehe auch: SEO -> Inhalt -> Alt-Text)*, die das Bild für Google leichter identifizierbar und auffindbar machen, sind relevant.

TIPP

Bearbeite Bilder immer direkt indem du die Bildgröße reduzierst und nicht nur das Bild mithilfe von CSS skalierst. Denn bei einer Skalierung wird das Bild zwar nach außen verändert dargestellt, behält aber seine ursprüngliche Größe.

ERLÄUTERUNGEN ZU DATEIGRÖßEN, -FORMATEN UND -NAMEN:

Größen

Bei der Angabe der Bildgrößen ist zu beachten, dass es einen Unterschied zwischen Dateigröße und Bildgröße gibt. Die ***Bildgröße*** ist die Größe des Bildes, welche wir mit den Augen wahrnehmen und anhand von Pixel oder Längeneinheiten, wie Zentimeter, messen. Wobei digitale Bilder in Pixel und analoge Bilder in Zentimeter (oder anderen Längeneinheiten) angegeben werden. Die ***Dateigröße*** hingegen gibt an, wieviele Bytes (KB, MB, GB) ein Bild hat und somit wieviel Speicherplatz benötigt wird.
Je mehr Pixel insgesamt oder je mehr Pixel ein Bild pro Zoll (ppi) hat, desto höher ist seine Auflösung, umso größer aber auch der Speicherplatz, den es verbraucht und die Länge der Ladezeit, bis es dargestellt werden kann.

Interessant zu wissen: Ein Pixel benötigt mindestens 3 Byte (je ein Byte für die Grundfarben Rot, Grün & Blau). Bei vielen Bildformaten sind es jedoch 4 Byte (zusätzlich ein Alpha-Kanal für Transparenz). Moderne Bildformate (PNG, WebP, AVIF) nutzen oft RGBA → 4 Byte pro Pixel. Nur reine RGB-Bilder benötigen exakt 3 Byte.

Format

Das Bildformat gibt an, als welche Art von Datei das Bild gespeichert wird. Bekannt und gängig sind webp, jpeg/jpg, png, svg, gif (hauptsächlich für Animationen). Demnach gilt auch die Bezeichnung des „Dateiformats".
Welches Format am besten für die Nutzung auf Webseiten ist, ist abhängig von dem Zweck, den sie erfüllen sollen.
(Siehe auch: SEO -> Inhalt -> Bilder -> Welche Formate sind gängig und wann nutze ich sie?)

Dateinamen

Suchmaschinen erkennen Bildinhalte inzwischen nicht mehr nur über Dateinamen und Alt-Text, sondern auch durch Bildanalyse, Kontext der Seite und weitere Signale. Dennoch sind klare, beschreibende Dateinamen weiterhin sinnvoll, da sie Suchmaschinen zusätzlich helfen, Bildinhalte richtig zuzuordnen und besser zu verstehen. Vergib diese, bevor du sie auf deiner Webseite hochlädst. Danach wird es schwieriger diese zu ändern und Suchmaschinen würden sie komplett neu crawlen und werten.

<u>Achte darüber hinaus auf folgendes:</u>

- Lieber Bindestriche anstelle von Unterstrichen um Wörter voneinander zu trennen. Denn Bindestriche gelten als Leerzeichen bei Suchmaschinen. Unterstriche hingegen bedeuten, dass die Wörter zusammengehören.
- Keine Großbuchstaben nutzen
- Keine Umlaute nutzen
- Keine Sonderzeichen nutzen

Beispiel:

Das folgende Bild zeigt einen grünen Leuchtturm und an diesem fährt ein Boot vorbei.

Der Dateiname für dieses Bild lautet also idealerweise:

leuchtturm-gruen-mit-boot.jpg

WIE GROß SOLLTE EIN BILD AUF MEINER WEBSEITE SEIN?

Bilder sollten für das Web immer so groß gespeichert werden, wie sie später tatsächlich angezeigt werden. Feste Pixelvorgaben wie „mindestens 300px" oder „maximal 2000px" sind heute nicht mehr sinnvoll, da moderne Geräte sehr unterschiedliche Auflösungen besitzen.
Entscheidend ist, dass das Bild scharf aussieht und nicht unnötig groß gespeichert wird.

Zur Orientierung kannst du dich an folgenden Richtwerten hallten:

- Thumbnails und kleine Bilder: 300–600 px Breite
- Bilder im Text: 1000–1400 px Breite
- Große Banner oder Vollbreiten-Bilder: 1600–2400 px Breite

Bilder im Text, in E-Mails, in Textdokumenten

Befindet sich das Bild in einem Textbereich und soll sich nicht durch Anklicken vergrößern, dann reicht es, wenn die längste Seite 300-400px hat. Bei etwas größeren Darstellungen auch bis 600px. Soll sich das Bild beim Anklicken vergrößern, dann sollte die längste Seite zwischen 1000px und 1600px groß sein. Eine größere Auflösung ist nur notwendig, wenn das Bild bildschirmfüllend dargestellt wird.

Bilder über die gesamte Breite einer Webseite

Für Bilder, die die komplette Breite einer Webseite einnehmen, sind 1600–2400 px eine gute Orientierung.
Moderne Webseiten skalieren große Bilder automatisch herunter, daher musst du nicht die exakte Bildschirmbreite treffen. Das Bild sollte nur nicht zu klein gespeichert werden, um Qualitätsverluste zu vermeiden.
Wenn deine Seite auf besonders großen Monitoren (z. B. 4K) gut aussehen soll, kannst du zusätzlich eine Version mit 2400–3000 px Breite speichern.

Fav-Icons & Logos

FavIcons sind die kleinen Bilder, die in den Tabs eines Browsers angezeigt werden, wenn eine Webseite geöffnet ist. Aber auch in den Google Suchergebnissen wird das FavIcon ausgegeben. Sie sind immer quadratisch und meist wird eine Größe von 32 x 32 Pixel empfohlen. Aus Erfahrung kann ich sagen, dass es auch wesentlich größer sein darf, damit es eine bessere Auflösung bekommt. Abhängig von Browser, Betriebssystem oder Gerät und verschiedenen Zwecken werden unterschiedlich große FavIcons verwendet. Daher bietet es sich an, diese auch in mehreren Größen hochzuladen oder zumindest gleich in einer entsprechenden Größe von 180px x 180px.

Für ***Logos*** empfiehlt sich bei quadratischen Varianten 200px x 200px und für querformatige Varianten 300px x 120px zu verwenden. Sie werden natürlich oft kleiner angezeigt, aber mit dieser Pixelanzahl ist eine gute Auflösung sichergestellt. Am besten werden Logos im SVG-Format gespeichert. SVG-Dateien sind vektorbasiert, dadurch bleiben sie auf allen Geräten gestochen scharf und passen sich flexibel an verschiedene Bildschirmgrößen an.

Zu den Dateigrößen sei gesagt:

Sobald du die Größe der Bilder und Grafiken an den Verwendungszweck angepasst hast, kannst du sie bei Bedarf noch komprimieren. Aber nur, wenn sie im JPEG oder PNG gespeichert wurden. Moderne Bildformate wie WebP bieten bereits die beste Qualität bei kleinster Dateigröße. Nutze bei Bedarf Tools wie TinyPNG, TinyJPG oder die Einstellungen der Exportfunktion deiner Bildbearbeitungssoftware.

WELCHE FORMATE SIND GÄNGIG UND WANN NUTZE ICH SIE?

WEBP - Web Picture

Ein von Google entwickeltes Format für Onlinebilder, welches die gängigen .jpg, .png & .gif ersetzen soll. Es ist ein Rasterformat und ausschließlich für das Web (Internet) konzipiert, um die Dateigrößen von Bildern, Grafiken und Animationen bei gleichbleibender Qualität zu verringern. Das spart oft 40-70 % Speicherplatz und erhöht die Seitenladegeschwindigkeit von Webseiten. Die meisten Browser unterstützen mittlerweile das Format.
Die Umwandlung von Dateien erfolgt mit Hilfe von Tools oder Plugins.

—> Für alle Bilder/Fotos online

JPEG - Joint Photographic Experts Group

Vorweg: JPEG ist dasselbe wie JPG, welches die alte Bezeichnung darstellt. Früher waren Dateibezeichnungen auf drei Buchstaben beschränkt, daher das fehlende E.

Bilder im JPEG-Format eignen sich aufgrund ihrer Eigenschaften am besten für Webseiten. Sie benötigen mehr Speicherplatz als moderne Formate wie WebP, sind aber weiterhin weit verbreitet und lassen sich relativ schnell laden. Darüber hinaus werden sie von nahezu jedem Betriebssystem unterstützt. Achte darauf, sie nicht zu sehr zu komprimieren, damit es nicht zu einem Qualitätsverlust (z. B. Verlust der Schärfe) kommt.

—> Für alle Bilder/Fotos

PNG - Portable Network Graphics

Ist ein Format, welches am besten für Bilder und Grafiken verwendet wird, die freigestellt sind, also einen transparenten Hintergrund besitzen. Es lässt sich ebenfalls komprimieren, jedoch verlustfrei und benötigt daher mehr Speicherplatz.

—> Für Grafiken/freigestellte Bilder mit transparentem Hintergrund

SVG - Scalable Vector Graphics

Dieses Format eignet sich hervorragend für Illustrationen, Diagramme oder auch Logos. Denn da SVG-Dateien keine pixelbasierten Rasterdateien sind (wie png oder jpeg), sondern textbasierte Vektordateien, können Screenreader, insofern die Bilder Wörter enthalten, diese besonders gut auslesen. Das gleiche gilt für Suchmaschinen.
Außerdem können sie von jedem modernen Browser gelesen werden und benötigen weniger Speicherplatz als Rasterbilder. Sie sind sehr gut skalierbar und responsive, jedoch nicht für Fotos geeignet, da Fotografien aus Pixeln bestehen und nicht als Vektoren dargestellt werden können.

—> Für Logos, Diagramme, Illustrationen (vor allem, wenn sie Text beinhalten)

GIF - Graphics Interchange Format

Waren früher besonders auf Social Media Plattformen beliebt. Sie besitzen nur eine begrenzte Farbpalette und daher eine niedrige Auflösung, die zu einer gewissen Unschärfe führt. Sie eignen sich eher für einfache und kurze Animationen, bei denen die Qualität der Wiedergabe nicht relevant ist.

—> Für animierte Grafiken

Meta Daten

KURZ
Erstelle eigene MetaTitle und MetaDescriptions für jede Seite deines Webauftritts, außer für Impressum, Datenschutz & AGB.

ERKLÄRUNG

Die Meta Daten einer Webseite geben Suchmaschinen Auskunft über ihren Inhalt. Sie werden ebenfalls in den SERPS (Suchmaschinenergebnisseiten) ausgegeben. Spricht man von Meta Daten in Bezug auf Webseiten, unterteilt man sie in Titel, Beschreibung und Stichwort. Besser bekannt unter MetaTitle, MetaDescription und MetaKeyword.

Abb.: *Meta Daten*

Die MetaDescription einer Seite wird in den Google Suchergebnissen unter dem MetaTitle und unter der entsprechenden URL angezeigt.

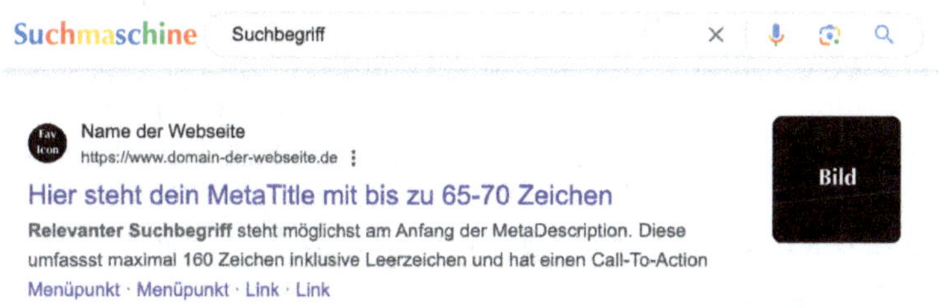

MetaTitle

Der MetaTitle ist nichts anderes als eine Überschrift. Empfohlen sind 50-70 Zeichen inklusive Leerzeichen, abhängig von der Breite der jeweiligen Buchstaben. Sie sollte somit so kurz und prägnant wie möglich gewählt werden, wobei das wichtigste Keyword der Seite enthalten sein sollte.

MetaDescription

Die MetaDescription wird oftmals als unwichtig erachtet, da diese keinen direkten Einfluss auf das Ranking bei Google hat. Das ist prinzipiell auch korrekt. Doch hat sie einen indirekten Einfluss darauf. Um zu verstehen warum, musst du wissen, wo sie verwendet wird. Und zwar in den SERPS. Den Suchergebnissen einer Suchmaschine. *(Siehe Abb.: Meta Daten)*

Wenn nun keine eigene MetaDescription erstellt wird, crawlt Google selbst und zieht sich Textelemente aus der jeweiligen Seite und zeigt diese dann in den SERPS an.

Im Prinzip eine tolle Arbeitserleichterung, dennoch klingen diese Texte ja nicht automatisch auch interessant für den Suchenden, von dem wir möchten, dass dieser unsere Webseite besucht. Vielleicht möchtest du auch lieber einen eigenen Call-To-Action einfügen, um den Nutzer auf deine Seite zu holen.
Daher empfiehlt es sich, die MetaDescription selbst zu erstellen und für jede Seite (außer Impressum, Datenschutz, AGB) einen passenden Text zu schreiben. Hierbei achte auf die maximale Zeichenlänge von 155 inklusive Leerzeichen. Mehr sind zwar möglich, es führt aber

dazu, dass der Text an ungewünschter Stelle abbrechen würde.

Für die MetaDescription zeigt Google je nach Gerät und Layout etwa 140 bis160 Zeichen an. Platziere das wichtigste Keyword nahe dem Anfang. Wichtig ist aber vor allem, dass die Landingpage, auf die die Beschreibung verweist, auch das bietet, was in der Beschreibung suggeriert wird. Ansonsten kommt es folglich zu Abbrüchen seitens des Besuchers und sollten sich diese mehren, wird Google die Seite als nicht relevant erachten, was sich wiederum negativ auf die Sichtbarkeit auswirken kann.

MetaKeywords

Ein Schlüsselwort, welches in einem Wort wiedergibt, welchem Thema sich deine Seite widmet. Früher waren diese Keywords rankingrelevant, wobei sie aber oftmals missbraucht wurden. Heutzutage haben sie daher keine Bedeutung mehr und werden von den Suchmaschinen nicht mehr berücksichtigt. Du brauchst sie einer Seite daher nicht in den MetaDaten hinzufügen.

Die Bedeutung von MetaKeywords sollte nicht mit der Bedeutung für Keywords als Suchbegriffe verwechselt werden.

Alt-Text

(Siehe auch: BARRIEREFREI -> Inhalt -> Bilder & Grafiken)

KURZ
Füge bei jedem Bild einen Alt-Text ein. Alt-Texte sollten so kurz wie möglich und so lang wie nötig sein. Beschreibe in 5 bis 15 Wörtern einfach und präzise, was auf dem Bild zu sehen ist.

ERKLÄRUNG

Alt-Texte werden bei Bildern und Grafiken hinterlegt und beschreiben so kurz und präzise wie möglich, was auf ihnen dargestellt wird. Suchmaschinen können nicht erkennen, was sich auf Bildern befindet. Daher bietet das Einfügen eines Alt-Textes, auch Alternativ-Text genannt, die Möglichkeit eine Beschreibung zu einem Bild oder einer Grafik hinzuzufügen, die von einem Screenreader erkannt werden kann, jedoch für Leute ohne Bildschirmleseprogramme nicht sichtbar ist.
Auch Google "crawlt" diesen Text und Bilder können so bei entsprechender Sucheingabe im Google Browser unter "Bilder" angezeigt werden.
Ein Alt-Text beschreibt dabei so kurz und präzise wie möglich, was auf dem Bild oder der Grafik dargestellt wird. Nicht mehr und nicht weniger. Wie lang der Text sein sollte, dafür gibt es heute keine Zeichenrichtlinie mehr. Empfohlen werden meist 5-15 Wörter. Wichtig ist, dass er für Screenreader verständlich, eindeutig und nicht unnötig lang ist. Daher richten wir uns nach den gängigsten Screenreadern, die diese Texte nach circa 125 Zeichen abschneiden.

Beispiel:

Dateiname: leuchtturm-gruen-mit-boot.jpg

Alt-Text: Grüner Leuchtturm an der Mole, ein Boot fährt im Hintergrund vorbei.

Bei CMS-Baukästen ist die Eingabe des Alt-Textes meist problemlos über die Medienbibliothek möglich. Wer mit HTML arbeitet, der fügt das Alt-Attribut (alt="") für oben genanntes Beispiel wie folgt ein:

```
<img src="leuchtturm-gruen-mit-boot.jpg"
alt="Grüner Leuchtturm an der Mole, ein Boot
fährt im Hintergrund vorbei.">
```

Navigationsvarianten

(Siehe auch: BARRIEREFREI -> Inhalt -> Navigation & Breadcrumbs)

KURZ
Integriere möglichst viele verschiedene Navigationen auf deiner Webseite. Mindestens jedoch Hauptmenü und Footer.

ERKLÄRUNG

Als Navigation versteht man nicht nur die oberste Menüleiste einer Webseite, sondern das allgemeine Verhalten eines Nutzers, also wie er sich durch die Webseite bewegt. Einige nutzen die Suchfunktion einer Seite, um etwas bestimmtes zu finden. Andere schauen in den Footer und wieder andere nutzen die Links in der Seitenleiste.

WELCHE MÖGLICHKEITEN GIBT ES?

Breadcrumbs

Bedeutet auf Deutsch: Brotkrumen. Und so lässt es sich auch am besten beschreiben. In dem Märchen Hänsel und Gretel verteilten die Geschwisterkinder Brotkrumen, während sie immer weiter in den Wald geführt wurden. Um wieder hinaus zu finden, folgten sie diesen schließlich zurück. So verhält es sich auch mit den Breadcrumbs auf Internetseiten. Wir sehen genau, wie tief wir in einer Webseite stecken und wo genau wir uns befinden. Bei Bedarf können wir einfach wieder einige Schritte zurückgehen, da jeder Schritt verlinkt ist.

Filter

Ein Filter grenzt Inhalte auf einer Seite entsprechend auswählbarer Kriterien ein. Diese sind meist in einem DropDown-Menü angelegt. Dort können dann Checkboxen, Schieberegler, Suchleisten oder weitere DropDowns zum Einsatz kommen. Ein Filter hat einige Vorteile, vor allem wenn es sehr viel Inhalt oder viele Produkte auf einer Seite gibt und nicht alles in der Hauptnavigation erfasst werden kann. So können weitere Keywords für die Suche abgedeckt werden. Denn je nachdem, was der User auswählt, ändert sich die URL der Seite und nur noch die Produkte mit den zugewiesenen Eigenschaften erscheinen. Wenn du Filter-URLs für den Index freigibst, können sie auch bei Google gefunden werden. Standardmäßig sollten Filter-URLs jedoch nicht indexiert werden, außer sie sind als eigene Landingpages geplant.

Footermenü

Der Footer befindet sich immer ganz unten auf einer Internetseite. Er ist, wie die Menüleiste, ein globales Element. Meist beinhaltet er Links zu den Rechtstexten (Impressum, Datenschutzerklärung, AGB), zur Kontaktseite, Serviceinformationen und einen Copyright-Hinweis. Das sind Inhalte, die die Besucher gewohnt sind dort vorzufinden.

Menüleiste

Auch Hauptmenü oder Navigation genannt. Hier befindet sich dein Logo, welches immer mit einem Link hinterlegt ist, welcher zur Startseite führt. Das ist in den Köpfen der Nutzer bereits verankert. Daher bedarf es keinem zusätzlichen Menüpunkt „Startseite“ oder „Home“ mehr. Natürlich kannst du das dennoch machen, wenn es für deine Zielgruppe hilfreich ist. Die sonstigen Menüpunkte bestehen meist aus den Hauptthemen, die deine Webseite bedient. Diese können auch die wichtigsten Themenbegriffe deiner Webseite sein, mit denen du den Inhalt deiner Webseite, heruntergebrochen auf ein Wort, vermitteln würdest. Sollte es notwendig sein, öffnet sich beim Klick auf diese Links noch ein Untermenü passend zum dazugehörigen Thema. Zusätzlich zum Logo und den Menüpunkten ist es üblich, dass hier auch eine Suchfunktion anhand eines kleinen Lupen-Icons vorhanden ist oder eine Möglichkeit sich in einen Account einzuloggen. Bei Onlineshops finden wir hier einen Warenkorb oder auch eine Wunschliste.
Diese Navigation ist in der Regel ein sogenanntes globales Element. Das bedeutet, dass die Inhalte und die Gestaltung auf jeder Unterseite deiner Webseite gleich bleiben.

Sidebar

Ist eine Menüleiste, die sich an der linken oder rechten Seite deiner Webseite und deines Inhaltes befindet. Sie kann Links ergänzend zu deiner Hauptnavigation aufweisen oder speziell zu einer bestimmten Seite weiterführende Links zeigen. Bei Onlineshops findet man in der Sidebar auch oft Filtereigenschaften. In Blogs sind hier meist verwandte Artikel zum Thema verlinkt.

Suchfunktion

Die Suchfunktion befindet sich meist im oberen Teil einer Webseite und wird mit einem Lupen-Icon dargestellt. Dort können Besucher Begriffe eingeben und die Ergebnisseite liefert alle zu diesem Begriff passenden Inhalte deiner Webseite aus.

Beispiel: *Arten von Navigationen*

Siehe dazu Abbildung in: BARRIEREFREI -> Inhalt -> Navigation & Breadcrumbs

404-Fehlerseite

KURZ
Erstelle eine 404-Fehlerseite mit kurzem prägnanten Text und mindestens einem weiterführenden Link zur Startseite.

ERKLÄRUNG

Eine 404 Fehlerseite ist eine Unterseite deiner Webseite, auf die Nutzer geleitet werden, wenn sie auf einer fehlerhaften oder nicht existierenden URL landen.

Eine 404-Seite zu erstellen, hat den Vorteil, dass du deinen Besuchern entgegenkommst, indem du sie über einen Link zurück zu deiner Startseite oder eine andere weiterleitende Auswahl führst. So verlierst du sie nicht. Sympathiepunkte sammelst du dabei sogar noch, wenn die Fehlerseite charmant oder humorvoll gestaltet ist.

WAS GIBT ES ZU BEACHTEN?

Eine 404-Seite sollte immer auf *noindex* gesetzt sein, damit sie nicht im Google-Index landet. Außerdem empfiehlt es sich, Links zur Startseite oder einer Suchfunktion einzubauen. SEO-wichtige Links gehören hier nicht hin, da eine 404-Seite keinen Linkwert weitergibt.

Beispiel 1: *Klassische 404-Fehlerseite mit weiterführenden Buttons/Links*

Beispiel 2: *404-Fehlerseite ohne Buttons, dafür mit eingeblendeter Menüleiste*

Duplicate Content

(Siehe auch: SEO -> Technisch -> Canonical Tag)

KURZ
Vermeide gleiche oder ähnliche Inhalte auf deiner Webseite.

Kopiere niemals Inhalte von anderen Webseiten!

ERKLÄRUNG

Duplicate Content oder auch Double Content bezeichnet ein und denselben oder sehr ähnlichen Inhalt, der auf verschiedenen Webseiten oder mehrfach auf derselben Seite zu finden ist. Google verhängt dafür keine direkte Strafe, erkennt doppelte Inhalte jedoch und zeigt meist nur eine Version in den Suchergebnissen an. Dadurch kann es passieren, dass nicht die gewünschte Seite rankt.
Auch Inhalte, die auf derselben Webseite mehrfach auftauchen, gelten als Duplicate Content. Der Text muss dabei nicht zu 100 % identisch sein – stark ähnliche Inhalte reichen aus, wenn sie denselben Suchzweck erfüllen.

Zusammengefasst bedeutet dies, dass man seine Inhalte möglichst selbst schreibt und Wiederholungen oder überflüssige ähnliche Seiten vermeidet.

HINWEIS

Kopiere niemals Inhalte von fremden Webseiten. Suchmaschinen erkennen doppelte Inhalte und werten sie in der Regel schlechter, außerdem kann das urheberrechtliche Konsequenzen haben.
(Siehe auch: RECHTLICHE GRUNDLAGEN -> Inhalt -> Urheberrecht)

WAS ZÄHLT ALLES ALS DUPLICATE CONTENT?

Duplicate Content ist alles, was dem Inhalt einer anderen Seite gleicht. Die Originalseite wird dabei als kanonische Seite festgelegt. Sollte es nicht anders möglich sein, nutze als Verweis auf die Originalseite einen Canonical Tag oder eine 301-Weiterleitung.

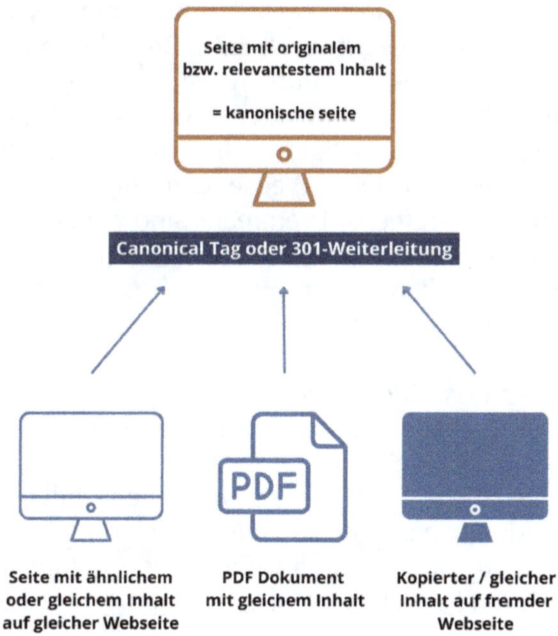

Themen

KURZ
Notiere dir, welche Fragen und Probleme, rund um das Hauptthema deiner Webseite, deine Nutzer beschäftigen und schreibe dazu Blogartikel oder widme deren Lösung separate Landingpages.

ERKLÄRUNG

Im Prinzip hat deine Webseite natürlich ein Thema und auch einen Zweck, ansonsten würdest du sie nicht erstellen und betreiben. Egal ob du nun einen Onlineshop hast, eine Vereinsseite, einen Blog oder eine Nachrichtenseite – es ist relevant regelmäßig Besucher auf deiner Seite zu verzeichnen. Natürlich geschieht dies anhand aktueller Beiträge und Produkte. Jedoch verzeichnen diese Beiträge nur kurzweiligen Traffic. Um nachhaltig und stetig Besucher auf deine Webseite zu ziehen, bedarf es sogenannter Evergreens. Evergreens sind allgemeine Beiträge/Texte/Themen, die über einen langen Zeitraum gefragt sind. Natürlich sollten diese auch nach einiger Zeit auf Aktualität überprüft und überarbeitet werden.

Generell gilt: veröffentliche regelmäßig nützlichen Content und aktualisiere auch ältere Beiträge, um Google zu zeigen, dass deine Seite lebendig ist.
Du kannst auch spezielle Themenseiten (Pillar Pages) oder Landingpages anlegen auf denen du dich einem Thema tiefergehend widmest und auf die du gezielt Besucher führen kannst.

CONTENTSEITE, LANDINGPAGE & MEHR – WAS IST WAS?

Contentseite

Auch „Inhaltsseite" genannt, ist im Grunde jede einzelne Seite einer Webseite, die Informationen vermittelt.

Landingpage

Ist eine Contentseite, die zu einem speziellen Zweck angelegt wurde. Meist für eine Marketing- oder SEO-Kampagne, damit Besucher gezielt auf dieser Seite landen. Jede Landingpage hat nur ein Hauptziel. So ist beispielsweise die Kontaktseite eine Landingpage, wenn auch keine klassische, denn Besucher landen auf ihr mit dem Ziel, dich zu kontaktieren.

Blog

Auf einem Blog werden regelmäßig aktuelle Inhalte zu einem oder mehreren Themen verfasst. Das können Nutzererfahrungen sein, Testberichte, Anleitungen, Neuigkeiten aber auch Erlebnisse. Ein Blog eignet sich für fast jede Webseite, da man mithilfe von themenbezogenen Beiträgen gut auf die Interessen seiner Zielgruppe eingehen kann.

Startseite

Sie gibt eine Übersicht über das Ziel, den Zweck und den Inhalt deiner Webseite. Sie ist der zentrale Einstiegspunkt einer Webseite und sollte daher alle relevanten weiterführenden Links beinhalten.

Produktdetailseite

Onlineshops besitzen Produktdetailseiten, auf denen ein Produkt für sich allein steht und auf der alle Informationen rund um dieses zu finden sind. Über diese Seite kann man auch spezielle Aktionen ausführen, wie das Produkt zum Warenkorb hinzuzufügen für den späteren Kauf, es auf eine Wunschliste zu setzen oder diese Seite digital mit anderen zu teilen. Eine Produktdetailseite ist eine Contentseite und kann ebenfalls eine Landingpage sein.

WIE FINDE ICH INTERESSANTE THEMEN FÜR MEINEN BLOG UND MEINE WEBSEITE?

Hilfreiche Seiten, um relevante Themen zu finden, sind Seiten wie Google Trends, AnswerThePublic.com und Tools wie Google Autocomplete (früher Google Suggest) oder auch der Google Keyword Planner.

Stelle dir grundsätzlich folgende Fragen:

- Was interessiert meine Besucher?
- Was hilft meinen Besucher?
- Welches Problem könnten meine Besucher haben?
- Welche Lösung kann ich ihnen anbieten?

Darüber hinaus kannst du für mehr Sympathie durch Transparenz sorgen, indem du über deinen Arbeitsalltag schreibst, dein Team vorstellst, Abläufe erklärst oder ein themenbezogenes Wörterbuch erstellst.

Backlinks

KURZ
Generiere hochwertige Backlinks von vertrauenswürdigen Webseiten. Entferne minderwertige oder schädliche Backlinks.

ERKLÄRUNG

Backlinks (Rückverweise) sind Links auf anderen Webseiten, die auf deine eigene Seite verweisen. Sie gelten für Google weiterhin als ein Vertrauenssignal. Ein gutes Beispiel dafür sind Seiten von Bloggern, die einen Beitrag zu einem bestimmten Produkt verfassen und dann in ihrem Text zu der Seite verlinken, die dieses Produkt anbietet. Dieser Link ist dann ein Backlink für die Seite, die das Produkt beinhaltet.

WARUM SIND BACKLINKS WICHTIG FÜR DIE SUCHMASCHINENOPTIMIERUNG?

Backlinks stellen für Google immer noch ein Kriterium für das Ranking dar. Google prüft genau, woher die Links kommen. Links, die automatisch oder massenhaft in Foren oder Kommentaren gesetzt wurden, sind für Google in der Regel wertlos und werden meist ignoriert. Dennoch sollten Backlinks regelmäßig kontrolliert werden, denn nützlich sind nur qualitativ hochwertige Backlinks. Auch hier gilt: Qualität vor Quantität.

WIE FINDE ICH HERAUS, WER MEINE SEITE VERLINKT?

Am effektivsten ist die Nutzung der Google Search Console um alle Backlinks zu finden. Du kannst zusätzlich kostenlose Tools wie den Seobility-Backlink-Checker nutzen: https://freetools.seobility.net/de/backlinkcheck.

WAS KANN ICH TUN, UM EINE VERLINKUNG, DIE AUF MEINE SEITE FÜHRT, ZU ENTFERNEN?

Links von anderen Seiten kann man nicht selbst entfernen. Du kannst versuchen, den Seitenbetreiber anzuschreiben – das klappt jedoch heute nur selten. Sollte es also aus verschiedenen Gründen nicht möglich sein, hat Google sich etwas einfallen lassen: mit dem eigens entwickelten Disavow-Tool. Mit diesem hast du die Möglichkeit alle Backlinks, die auf deine Seite verweisen, einzusehen und für ungültig erklären zu lassen. Die Backlinks werden entwertet, sodass sie von Google bei der Bewertung deiner Webseite nicht mehr als Ranking-Signal berücksichtigt werden. Google sagt aber auch hier ganz klar, erst Links abbauen und wenn gar nichts anderes möglich ist, dann erst im Ausnahmefall, z. B. bei sehr vielen Spamlinks, das Tool nutzen und die Links entwerten lassen.

WIE FINDE ICH HERAUS, WELCHE SEITEN HOCHWERTIG/WERTVOLL SIND?

Definiere ein Keyword und gib es in die Google Suche ein. Seiten, die gut ranken, sind oft ein Hinweis auf Qualität. Achte zusätzlich auf Themenrelevanz, Vertrauenswürdigkeit und den allgemeinen Ruf der Seite.

Technisch

- Indexierung & Linkverfolgung
- Sitemap
- Seitenladegeschwindigkeit
- Responsive
- Canonical Tag & 301-Weiterleitung
- Barrierefreiheit

Indexierung & Linkverfolgung

KURZ
Sorge dafür, dass deine Webseite und ihre Unterseiten indexierbar sind, außer du möchtest sie bewusst aus dem Index ausschließen (wie zum Beispiel Impressum, Datenschutzerklärung und AGB).

ERKLÄRUNG

Damit eine Webseite überhaupt die Möglichkeit hat in den SERPS (Suchmaschinenergebnissen) gefunden zu werden, muss es Google und anderen Suchmaschinen erlaubt sein, dass diese deine Webseite einsehen sowie durchsuchen und dann in ihren Index aufnehmen dürfen.

Standardmäßig ist dies bei den meisten Systemen aktiviert. Seiten wie das Impressum und die Datenschutzerklärung werden vom Seitenbetreiber meist auf noindex und nofollow gesetzt, da diese keine Relevanz für die organische Suche aufweisen. Erstelle dafür lieber eine gut strukturierte Kontaktseite, die indiziert werden kann, damit Besucher auf dieser anstatt auf dem Impressum landen. Im Zweifel ist es aber auch nicht tragisch, sie indexiert zu lassen, insofern du das Impressum nicht in der Hauptnavigation als Menüpunkt verlinkst. Denn diesen wird von der Suchmaschine eine höhere Präferenz als denen im Footer zugeschrieben.

HINWEIS

Du kannst eine Suchmaschine daran hindern, deine Webseite zu indexieren, indem du sie auf noindex setzt. Beachte aber, dass es dennoch der Suchmaschine obliegt, diesem Wunsch nachzukommen.

WAS IST DER UNTERSCHIED ZWISCHEN NOINDEX UND NOFOLLOW?

Du kannst eine komplette Webseite oder einzelne Seiten auf **noindex** setzen und Suchmaschinen daran hindern, die betroffenen Seiten in ihren Suchindex aufzunehmen und auf deren Ergebnisseite anzuzeigen. Die Seite kann dennoch gecrawlt (durchsucht, erfasst und analysiert) werden.
Hingegen bedeutet **nofollow**, dass den Links auf dieser Seite nicht gefolgt werden soll. Dies wird von Google jedoch eher als Hinweis behandelt, nicht als Anweisung.

WIE KANN ICH DIE ANGABE FÜR NOINDEX ODER NOFOLLOW EINER SEITE ÜBERPRÜFEN?

Über den Seitenquelltext sowie auch in den Einstellungen im Backend deiner Webseite kannst du überprüfen, ob deine Webseite indexiert werden kann oder nicht.
Gehe auf deine Webseite und klicke mit der rechten Maustaste. Wähle „Seitenquelltext anzeigen“ aus und suche nun im <head>-Bereich des Quellcodes nach dem entsprechenden Meta-Tag:

```
<meta name="robots" content="noindex"/>
```

Sollte es nicht zu finden sein, dann wird die Seite indexiert, was meist automatisch der Fall ist. Noindex erscheint nämlich nur, wenn er manuell eingefügt wurde.

Bei WordPress findest du die Einstellungen für die komplette Webseite im Backend unter dem Menüpunkt: Einstellungen -> Lesen -> „Sichtbarkeit für Suchmaschinen".

WIE VERHINDERE ICH EINE INDEXIERUNG?

Du kannst im Head-Bereich <head> deiner Seite einen Meta-Tag setzen, das wie folgt lautet:

```
<meta name="robots" content="noindex" />
```

Du kannst auch nur bestimmte Suchmaschinen an der Indexierung hindern:

```
<meta name="googlebot" content="noindex"/>
<meta name="bingbot" content="noindex"/>
```

Diese kannst du bei Bedarf auch ergänzen:

```
<meta name="robots" content="noindex, nofol-
low, max-snippet:0, max-image-preview:none"/>
```

WIE VERHINDERE ICH, DASS EINEM LINK GEFOLGT WIRD?

```
<a href="URL" rel="nofollow">Linktext</a>
```

Der „nofollow"-Tag signalisiert Google, einem Link nicht zu folgen. Google kann ihn jedoch theoretisch trotzdem berücksichtigen, da „nofollow" heute nur noch ein Hinweis ist. Google empfiehlt diesen Tag bei gekauften Links und bei Seiten zu setzen, denen du nicht vertraust und für deren Inhalt du keine Verantwortung übernehmen willst.

WO KANN ICH DIE EINSTELLUNGEN FÜR FOLLOW UND INDEXIERUNG OHNE HTML-KENNTNISSE VORNEHMEN?

Verwendest du einen CMS-Baukasten, dann schau in den allgemeinen Einstellungen deiner Webseite nach. Um die Indexierung für einzelne Unterseiten ein- oder auszuschalten gehst du am besten in die Einstellungen der jeweiligen Unterseite. Im Zweifel hilft dir der Support deines Anbieters aber auch gerne weiter.
In der Regel ist diese Einstellung jedoch leicht auffindbar und anzupassen.

Sitemap

KURZ
Reiche eine Sitemap, idealerweise als XML-Datei, über die Google Search-Console ein.

ERKLÄRUNG

Eine Sitemap ist eine hierarchische Übersicht über die Inhalte einer Webseite, vergleichbar mit einem Inhaltsverzeichnis. Sie zeigt Suchmaschinen, welche Seiten existieren und wie sie miteinander verknüpft sind. Sie ist von Vorteil, wenn deine Webseite sehr groß ist, viele Unterseiten hat, intern schlecht verlinkt ist oder neue Inhalte schnell gefunden werden sollen. Empfohlen wird das Einreichen einer XML-Sitemap, da diese am besten von modernen Suchmaschinen verarbeitet wird. Auch RSS- und Atom-Feeds sind weiterhin gültig.

WIE ERSTELLE ICH EINE SITEMAP?

Wenn du ein Content-Management-System wie WordPress verwendest, wird meist automatisch eine Sitemap erzeugt. Seit WordPress 5.5 ist eine einfache XML-Sitemap standardmäßig enthalten. Du kannst auch spezielle SEO-Plugins (z. B. RankMath, Yoast oder SEOPress) nutzen. Programmierst du deine Webseite selbst, folge der offiziellen Google-Anleitung: https://developers.google.com/search/docs/crawling-indexing/sitemaps/.

Seitenladegeschwindigkeit

KURZ
Prüfe deine Seitenladegeschwindigkeit mit geeigneten Tools, wie „Google PageSpeed Insights“ oder „Lighthouse“.
Reduziere und komprimiere Bilder, die sich auf deiner Webseite befinden. Nutze bei Bedarf Lazy Load wenn du viele Inhalte auf einer Seite hast.

ERKLÄRUNG

Die Seitenladegeschwindigkeit gibt an, wie viel Zeit eine Webseite zum Laden benötigt. Dabei wird die Dauer, vom Moment des Aufrufs bis zu dem Zeitpunkt an dem sie vollständig angezeigt wird, gemessen.

Die Ladezeit hängt dabei von unterschiedlichen Faktoren ab, darunter die Dateigrößen deiner Inhalte, Skripte, Schriftarten und Servergeschwindigkeit. Im Idealfall sollte die Seitenladegeschwindigkeit weniger als zwei Sekunden betragen, um Nutzern eine positive Erfahrung (User Experience) zu verschaffen. Dauert das Laden länger, springen bis zu 40 Prozent der Besucher bereits ab.

WIE KANN ICH DIE LADEZEIT MEINER WEBSEITE VERBESSERN?

Da es in erster Linie darauf ankommt, wieviel Speicherplatz die Inhalte deiner Webseite einnehmen, betrachten wir vor allem die Dateigrößen der Inhalte, die geladen werden, wenn eine Webseite aufgerufen wird.
Darüber hinaus lassen sich noch viele weitere Punkte optimieren, für die du jedoch am besten jemanden mit erweiterten Fachkenntnissen kontaktierst. Denn bei der Umsetzung muss zum Teil einiges beachtet werden, damit deine Webseite weiterhin reibungslos funktioniert.

Hier jedoch zu den wichtigsten Dingen, die Einfluss haben und auf die du unkompliziert Einfluss nehmen kannst:

1. Sorge dafür, dass **Bilder und Grafiken** vor dem Hochladen bereits in ihrer Größe, entsprechend ihrer Verwendung, reduziert und komprimiert wurden. Eine Skalierung über CSS bringt im Nachhinein nichts, da dennoch die Originaldatei abgespeichert und aufgerufen wird. Nutze wenn möglich moderne Formate wie WebP. *(Siehe auch: SEO -> Inhalt -> Bilder)*

2. Räume deinen **Quellcode** auf! Das ist am einfachsten möglich, wenn du selbst programmierst. Lösche unnötige Formatierungen, die keinen Inhalt aufweisen aus deinem Quellcode und entferne dort auch überflüssige Leerzeichen sowie nicht relevante Kommentare.
   Verwendest du ein CMS wie WordPress, dann kannst du unnötigen Quellcode vermeiden, indem du Text direkt in den HTML-Editor eingibst und danach bei Bedarf formatierst. So werden unnötige HTML-Elemente und -Tags vermieden, die unter anderem beim

Kopieren und Einfügen von Texten aus anderen Quellen, wie einem Word Dokument oder einer E-Mail, entstehen.

3. Keine zu tief **verschachtelten** Inhalte. Nutze nur wenn unbedingt nötig, Umschalter, Tabs oder Akkordeons für deine Inhalte. Vermeide aber diese ineinander zu verschachteln. Also kein Akkordeon, in dem dann wieder ein Umschalter ist oder Tabs in denen Akkordeons sind oder ähnliches. *(Siehe auch: SEO -> Inhalt -> Struktur & Gliederung)*

4. Lasse nur die Inhalte laden, die vom Nutzer auch tatsächlich gesehen werden, wenn sie in das Sichtfenster scrollen. Vor allem aber, wenn deine Seite recht lang ist und mehrere Bilder beinhaltet, solltest du **Lazy Load** nutzen. Nutze dazu einfach das HTML-Attribut: loading="lazy", ein entsprechendes Plugin oder, falls dort vorhanden, die internen Einstellungen deines Themes.

5. Achte bei der Verwendung eines CMS wie WordPress darauf, nicht zu viele und vor allem keine unnötigen **Plugins** zu installieren. Im Idealfall hast du nicht mehr als 10 Plugins installiert. Mehr als 20 sollten es aber definitiv nicht sein.

6. Für die Vollständigkeit sollte noch das Komprimieren (**Minimieren**) von textbasierten Datenformaten wie CSS, JavaScript und HTML erwähnt werden. Ich empfehle es nicht für die schnelle und einfache Umsetzung, da hier einiges beachtet werden muss. Kontaktiere hier bitte eine Fachperson deiner Wahl.
   In der Regel sollten die zuvor aufgeführten Maßnahmen jedoch ausreichen.

Responsive

KURZ
Nutze responsive Themes, Frameworks wie Bootstrap oder Weblayouts wie Flexbox, damit sich deine Webseite automatisch an die Endgeräte deiner Nutzer anpasst.

ERKLÄRUNG

Moderne Webseiten passen sich an die jeweiligen Größen verschiedener Endgeräte (Smartphone, Tablet etc.) an. Damit dies automatisch geschieht, ist eine „responsive" Gestaltung ein Muss. In diesem Zusammenhang hört man auch viel den Wortlaut „Mobile first". Denn heutzutage ist ein mobilfreundliches und ansprechendes Design für Internetseiten essenziell und daher auch für Google ein wichtiger Ranking-Faktor.

WIE SETZE ICH EIN RESPONSIVES WEBDESIGN UM?

Wenn du **selbst entwickelst**, setze auf moderne CSS-Techniken wie Flexbox, CSS Grid und, falls notwendig, Container Queries. Achte auf ein mobiles Grundlayout (Mobile-First), korrektes Viewport-Meta-Tag und responsive Schrift- und Elementgrößen. Frameworks wie Bootstrap können weiterhin helfen, sind aber nicht zwingend notwendig.
Wenn du ein System wie **WordPress** nutzt, wähle ein aktuelles, gut gepflegtes Theme, das ausdrücklich responsive ist und moderne Webstandards unterstützt. Achte zusätzlich darauf, dass auch Bilder, Medien und Plug-ins mobil optimiert sind – nicht nur das Theme selbst.

<u>Beispiel:</u> *Responsive Webseiten*

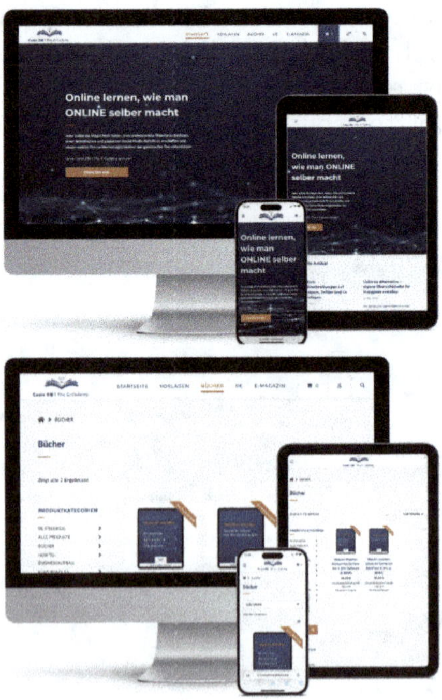

Canonical Tag & 301-Weiterleitung

(Siehe auch: SEO -> Inhalte -> Duplicate Content)

KURZ
Setze 301-Weiterleitungen oder einen Canonical Tag im Header einer Seite ein, wenn diese den gleichen oder sehr ähnlichen Inhalt wie eine andere Seite deiner Webseite bei unterschiedlichen URLs aufweist.

ERKLÄRUNG

Ein **Canonical Tag** (rel="canonical") ist ein Markup-Hinweis und wird verwendet, um Suchmaschinen zu zeigen welche Seite den originalen Inhalt aufweist.

Eine **301-Weiterleitung** hingegen sagt den Suchmaschinen, dass eine Seite dauerhaft verschoben wurde und nun über eine andere URL erreichbar ist und leitet dorthin weiter. Das kann beispielsweise sinnvoll sein, wenn man eine Webseite einmal mit Subdomain www und ohne aufrufen lassen kann. Ebenfalls muss die 301-Weiterleitung angewendet werden, um den Suchmaschinen mitzuteilen, dass alle Seiten einer Webseite von http auf https führen sollen.

Um das ganze noch einmal zu verdeutlichen, sieh dir nachfolgende Beispiele an, bei denen alle URLs den selben Inhalt besitzen. Für uns ist überall der gleiche Inhalt

zu sehen und die jeweiligen URLs führen auch zur selben Seite. Für Suchmaschinen bedeuten unterschiedliche URLs aber, dass es sich um verschiedene Seiten handelt. Somit crawlt sie jede einzelne von ihnen als eigenständige Seite und erkennt darin Duplicate Content
(Siehe auch: SEO -> Inhalt -> Duplicate Content).

Beispiel:

In den nachfolgenden 8 Beispielen wurden beim Anlegen eines Produktes, automatisch durch ein CMS (z. B. WordPress), mehrere Produkt-URLs generiert. So ist dieses Produkt einmal über die ihr zugeteilte Kategorie zu finden und einmal als direkter Link aufrufbar. Gleichzeitig ist die Seite aber auch mit und ohne Subdomain aufrufbar sowie über http und gesichert über https.

1. https://deindomainname.de/produkt-xy
2. https://deindomainname.de/kategorie/produkt-xy
3. https://www.deindomainname.de/produkt-xy
4. https://www.deindomainname.de/kategorie/produkt-xy
5. http://deindomainname.de/produkt-xy
6. http://deindomainname.de/kategorie/produkt-xy
7. http://www.deindomainname.de/produkt-xy
8. http://www.deindomainname.de/kategorie/produkt-xy

Das gleiche gilt auch für PDF-Dokumente, die du auf deiner Seite zum Download bereitstellst, die den gleichen Inhalt wie die dazugehörige Seite haben. Da diese PDF auf deinem Server hochgeladen wurde, besitzt sie auch eine eigenständige URL mit der sie aufgerufen werden kann. Somit würde eine Suchmaschine auch hier ein Duplikat erkennen.

WANN SETZE ICH EINE 301-WEITERLEITUNG EIN UND WANN NUTZE ICH DEN CANONICAL TAG?

301-Weiterleitungen setzt du ein, wenn eine Seite dauerhaft auf eine andere weitergeleitet werden soll – zum Beispiel, wenn URLs geändert wurden oder Inhalte umgezogen sind. So wird Suchmaschinen signalisiert, dass nur noch das Weiterleitungsziel (somit die kanonische Seite) gecrawlt und indexiert werden soll. Leite zum Beispiel deine Webseite und alle Unterseiten von http auf https weiter.

Den **Canonical Tag** hingegen behandelt Google eher wie einen Hinweis, welche URL du bevorzugst, während alle anderen ebenfalls aktiv bleiben.
Wenn du zum Beispiel ein und denselben Seiteninhalt auch als PDF zur Verfügung stellst, dann sollte auf die relevante Seite verwiesen werden. Der Tag ersetzt keine Weiterleitung und garantiert auch nicht, dass Google sich daran hält.

WIE VERHINDERE ICH NUN, DASS SUCHMASCHINEN ALLE URL-VARIATIONEN EINER SEITE CRAWLEN?

Indem wir den Suchmaschinen mitteilen, welche die Originalseite ist. Dies machen wir mit einem Canonical Link (also die URL der Original-Seite), den wir im Idealfall jeder duplizierten Seite einer Webseite hinzufügen. Auch die Original-Seite erhält einen Canonical-Tag auf sich selbst (self-referencing canonical).

Wir haben also eine Seite auf der das Produkt/Inhalt XY angezeigt wird unter der URL:

```
https://www.deindomainname.de/produkt-xy/
```

Dann gibt es von dieser Seite noch eine Druckversion unter der URL:

```
https://www.deindomainname.de/produkt-xy.html
```

Soll nun von der zweiten Seite, in diesem Fall der Druckversion, auf die erste Seite (in diesem Fall, die Original-Seite) verwiesen werden, dann setze auf der Seite der Druckversion folgenden Code mit dem Canonical-Link:

```
<link rel="canonical"
href="https://www.deindomainname.de/produkt-
xy/"
/>
```

WIE SETZE ICH EIN CANONICAL TAG BEI PDFS UND NICHT-HTML-DOKUMENTEN EIN?

Deine Webseite besitzt eine .htaccess-Datei. Dort kannst du eine kanonische URL für ein Dokument angeben.

Wir haben also eine Seite auf der zum Beispiel ein Rezept angezeigt wird unter der URL:

```
https://www.deindomainname.de/rezept-xy/
```

Dann gibt es noch eine PDF des Rezepts zum Download unter folgender URL:

```
https://www.deindomainname.de/rezept-xy.pdf
```

Nun fügst du in der .htaccess-Datei deiner Webseite folgenden Code ein (in .htaccess wird nur der Dateiname referenziert, nicht die Domain.):

```
<Files "rezept-xy.pdf">
   Header set Link "<https://www.deindomain-
name.de/rezept-xy/>; rel=\"canonical\""
</Files>
```

WIE KANN ICH KANONISCHE URLS DIREKT IN WORDPRESS EINRICHTEN?

Dazu nutzt du am besten ein entsprechendes SEO-Plugin. Eines, welches diese Möglichkeit bietet, ist das „Yoast"-Plugin. Rank Math und SEOPress sind ebenfalls sehr beliebt.

Barrierefreiheit

(Siehe auch: BARRIEREFREI)

KURZ
Setze möglichst viele Punkte aus dem Kapitel *BARRIEREFREI* um.

ERKLÄRUNG

Die Barrierefreiheit einer Webseite ist kein direkter Rankingfaktor bei Google, kann sich aber indirekt sehr positiv auf die Suchmaschinenoptimierung auswirken. Barrierefreie Webseiten sind in der Regel nutzerfreundlicher, besser strukturiert und werden häufiger genutzt und empfohlen. Wie wichtig das Thema ist, zeigt sich daran, dass Google in seinen Analysewerkzeugen wie Google PageSpeed Insights beziehungsweise Lighthouse die Barrierefreiheit ausdrücklich bewertet und konkrete Verbesserungsvorschläge liefert.
Elemente wie klare Überschriftenstrukturen, Alternativtexte, ausreichende Kontraste oder verständliche Navigation verbessern die Benutzerfreundlichkeit, erhöhen die Verweildauer und reduzieren Absprungraten. Das alles bewertet Google positiv. Schau dir daher die Elemente im Kapitel BARRIEREFREI genau an und setzte sie um.

Wichtig zu wissen: seit 2025 gilt der EU Accessibility Act (EAA), der für viele Online-Angebote verbindliche Anforderungen an Barrierefreiheit festlegt. Webseiten, die diese Vorgaben erfüllen, profitieren nicht nur rechtlich, sondern auch technisch und SEO-seitig.

Checkliste

VORBEREITUNG

- [ ] **Hoster** suchen, der auch **Domainregistrierung** anbietet
- [ ] **Domainnamen** wählen und prüfen
- [ ] Einstellungen wie **SSL-/TLS-Verschlüsselung** vornehmen
- [ ] **E-Mail-Postfächer** einrichten
- [ ] **E-Mail-/SMTP-Einstellungen** vornehmen für zuverlässigen Versand von Kontaktformularen
- [ ] DSGVO-konformes **Cookie-/Consent-Tool** auswählen

DESIGN

- ☐ **Responsives Theme** auswählen oder selbst erstellen
- ☐ **Schriften** serifenlos
- ☐ **Kontrast** von Schrift zu Hintergrund
- ☐ **Darstellung** der Elemente bei Aktion
- ☐ **Formularfelder** eindeutig in Form und Farbe
- ☐ **Barrierefreiheit überprüfen** bzgl. Kontraste, Fokusmarkierungen, gut klickbare Elemente usw.

INHALT

- ☐ Webseiten**sprache** angeben
- ☐ **Rechtstexte** wie Impressum, Datenschutzerklärung, Copyright und, falls relevant, AGB
- ☐ **Struktur** und **Gliederung** der Seiten
- ☐ **Keyword-Fokus** pro Seite festlegen
- ☐ **Überschriftenstruktur** prüfen (H1–H6 korrekt gesetzt)
- ☐ Verschiedene Arten der **Navigation** einfügen
- ☐ Untertitel und extra Text bei Verwendung von **Video- und Audiodateien**
- ☐ **Bilder und Grafiken** komprimiert und reduziert hochladen
- ☐ **DSGVO**-konforme Erstellung von Formularen
- ☐ **Meta-Titel** und **Meta-Beschreibung** einfügen
- ☐ **Interne Verlinkungen** einfügen/überprüfen

ABSCHLUSS

- ☐ **Auftragsverarbeitungsverträge** abschließen
- ☐ **Datenschutzerklärung** einfügen
- ☐ **Nachweise** im Impressum aufnehmen
- ☐ **Cookie-Banner**
- ☐ **Navigationspfade** überprüfen
- ☐ **Kontaktformular/Formulare** testen (Versand & DSGVO-Hinweise)
- ☐ **Responsives Verhalten** der gesamten Webseite testen (mobile Ansicht)

OPTIMIERUNG

- ☐ **SEO-Texte** überprüfen/einfügen
- ☐ **Alt-Texte** bei Bildern überprüfen/einfügen
- ☐ Überprüfe, ob Seiten **indexierbar** sind
- ☐ **404-Fehlerseite** erstellen und testen
- ☐ Ggf. **Sitemap** erstellen und einreichen
- ☐ Bei Notwendigkeit: **Canonical**-Link
- ☐ **Seitenladegeschwindigkeit** testen
- ☐ Bilder im modernen **Format** hochladen
- ☐ **Lazy Loading** aktivieren (falls nicht automatisch)
- ☐ **Spam-Schutz** aktivieren
- ☐ Automatische **Backups** einrichten

Wörterbuch

ALT-TEXT
(Alternativtext)

Kurze Beschreibung eines Bildes, damit Suchmaschinen und Screenreader verstehen, was darauf zu sehen ist.

BACKEND
(Hintergrundbereich)

Bezeichnet den technischen und administrativen Bereich einer Webseite, den ein Webseitenbesucher nicht sehen kann. *(Siehe auch: Wörterbuch > Frontend)*

BACKLINK
(Rückführender Verweis)

Rückverweis/rückwärtiger Link, ist ein (Hyper)Link, der von einer Webseite auf eine andere Webseite verweist.

BREADCRUMBS
(Brotkrumen)

Eine Art „Pfadnavigation", die zeigt, wo man sich auf der Webseite befindet.

CANONICAL-LINK
(Kanonischer Verweis)

Kennzeichnet für Suchmaschinen die bevorzugte Original-URL, wenn mehrere Seiten gleiche oder sehr ähnliche Inhalte haben, und hilft so, Duplicate Content zu vermeiden.

CMS
(Content-Management-System)

Eine Software zur Erstellung, Verwaltung und Veröffentlichung von Webinhalten ohne dass man dafür programmieren können muss. Inhalte können oft über eine benutzerfreundliche Oberfläche bearbeitet werden (Texteditor, Baukastenelemente oder Block-Editoren). Das weltweit bekannteste CMS ist WordPress.

CONTENT
(Inhalt)

Texte, Bilder, Videos oder Grafiken, die du auf deiner Webseite veröffentlichst.

CRAWLING
(Durchforsten/durchsuchen)

Der Vorgang, bei dem Suchmaschinen deine Webseiten „durchsuchen", um Inhalte zu verstehen.

DEEPLINK
(Tiefenlink)

Ist ein (Hyper)Link, der nicht auf die Startseite einer Website führt, sondern direkt auf eine tiefere Unterseite, einen speziellen Inhalt oder eine Funktion innerhalb einer Website oder App verweist. So gelangen Nutzer ohne Umwege direkt zu relevanten Informationen, was Navigation und Nutzererfahrung deutlich verbessert.

DOMAIN
(Internetadresse)

Eine Domain ist die eindeutige Adresse oder der eindeutige Name, unter dem eine Webseite im Internet erreichbar ist.

DUPLICATE CONTENT / DOUBLE CONTENT
(Doppelte Inhalte)

Gleiche oder sehr ähnliche Inhalte auf mehreren Seiten.

FRONTEND
(Vorderseite)

Bezeichnet den Bereich einer Webseite, den ein Webseitenbesucher sehen kann und der öffentlich zugänglich ist. *(Siehe auch: Wörterbuch -> Backend)*

FOOTER
(Fußzeile)

Der untere Bereich einer Webseite, der oft rechtliche Links wie Impressum oder Datenschutz enthält.

GOOGLE
(Suchmaschine)

Eine der bekanntesten und meistgenutzten Suchmaschinen weltweit. Neben ihr gibt es unter anderem noch Bing, Yahoo, Ecosia und DuckDuckGo.

H1–H6
(Überschriftenstruktur)

HTML-Überschriften in verschiedenen Hierarchiestufen. Sie strukturieren Inhalte, machen den Seitenaufbau verständlich und helfen sowohl Nutzern als auch Suchmaschinen, Themen und Bedeutung einzelner Abschnitte besser zu erfassen.

HEADER
(Kopfbereich)

Der obere Bereich der Webseite, oft mit Logo und Hauptmenü.

HOSTING / HOSTER

Der Anbieter, bei dem deine Webseite im Internet gespeichert wird.

HTML
(Hypertext Markup Language)

Die Hypertext Markup Language (HTML) ist eine standardisierte Auszeichnungssprache, die zur Erstellung und Strukturierung von Inhalten für Webseiten im World Wide Web verwendet wird. Sie besteht aus einer Reihe von speziellen Codes oder Tags, die den Aufbau, die Darstellung und das Verhalten von Elementen auf einer Webseite definieren.

HTTP
(Hypertext Transfer Protocol)

HTTP ist ein Protokoll, mit dem Daten zwischen einem Webbrowser und einem Webserver übertragen werden. Es regelt, wie Anfragen und Antworten im Web ausgetauscht werden – zum Beispiel beim Laden von Webseiten, Bildern oder Dateien.

INDEXIERUNG
(Listung)

Die Indexierung ist der Prozess, bei dem Google eine Webseite erfasst, speichert und in seinen Suchindex aufnimmt, sodass sie in den Suchergebnissen erscheinen kann.

KEYWORD
(Schlüsselwort)

Ein Keyword (auch Suchbegriff) ist ein einzelnes Wort, eine Phrase oder eine Kombination von Wörtern, die Personen verwenden, um eine bestimmte Information, ein Produkt, eine Dienstleistung oder ein Thema online in Suchmaschinen zu suchen.

LANDINGPAGE
(Zielseite)

Eine speziell gestaltete Seite mit einem klaren Ziel. (z.B.: Kontaktanfrage, Download oder Produktkauf). Besucher gelangen häufig über Werbung, Newsletter oder Suchergebnisse direkt auf diese Seite.

MARKUP
(Textauszeichnung)

Markup, im Allgemeinen, ist eine Methode, um Dokumente zu strukturieren, indem spezielle Symbole, Codes oder Tags verwendet werden, um bestimmte Elemente oder Teile des Inhalts zu kennzeichnen oder zu formatieren.

METADESCRIPTION
(HTML-Element -> Beschreibung)

Eine Meta-Beschreibung, auch bekannt als Meta-Description oder Meta-Tag Description, ist ein HTML-Element, das eine kurze Zusammenfassung oder Beschreibung des Inhalts einer Webseite oder Unterseite enthält. Diese Beschreibung wird im Head-Bereich einer HTML-Seite platziert und erscheint in den Suchergebnissen einer Suchmaschine unter dem Meta-Titel.

META-TITLE
(HTML-Element -> Titel)

Ein Meta-Titel, auch bekannt als Titel-Tag, ist ein HTML-Element, das den Titel oder die Überschrift einer Webseite beschreibt. Es wird im Head-Bereich einer HTML-Seite platziert und erscheint in den Suchergebnissen einer Suchmaschine als Überschrift für den jeweiligen Link zur Seite.

RANKING
(Rangliste)

Ein Ranking bezieht sich auf die Positionierung einer Webseite oder eines Inhalts in den Suchergebnissen einer Suchmaschine basierend auf bestimmten Kriterien, wie Relevanz, Qualität und anderen SEO-Faktoren. Je besser das Ranking einer Webseite ist, desto höher erscheint sie in den Suchergebnissen.

RESPONSIVE
(Reagierend/Reaktionsfähig)

Im Webdesign bedeutet dieses Wort, dass eine Webseite sich in ihrer Darstellung automatisch an verschiedene Endgeräte wie Handy oder Tablet anpasst.

SERP
(Suchmaschinenergebnisseite)

Ist eine Abkürzung und bedeutet: Search Engine Results Page. Wenn du in einer Suchmaschine einen Suchbegriff eingibst, dann erscheinen die Ergebnisse auf einer Suchmaschinenergebnisseite.

SEO
(Suchmaschinenoptimierung)

Abkürzung für *Search Engine Optimization*. SEO umfasst alle Maßnahmen, die dazu beitragen, dass eine Webseite in Suchmaschinen besser gefunden wird und möglichst weit oben in den Suchergebnissen erscheint.

SIDEBAR
(Seitenleiste)

Stellt einen Balken seitlich eines Seiteninhaltes dar (wahlweise links oder rechts). Dort können zusätzliche Informationen zum dargestellten Inhalt abrufbar gemacht werden. Die bekannteste Nutzung einer Sidebar ist bei Onlineshops, um Produkte zu filtern. Bei Blogs werden häufig artverwandte Artikel verlinkt.

SITEMAP
(Seitenübersicht)

Ist eine Datei, die eine Übersicht über die Seitenstruktur einer Webseite liefert.

SSL / TLS
(SSL = Secure Sockets Layer / TLS = Transport Layer Security)

Eine Verschlüsselung, die deine Webseite sicher macht.

SUBDOMAIN
(Third-Level-Domain)

Kann Bestandteil einer Domain sein und befindet sich immer vor dem Domain-Namen. Sie werden mit einem Punkt voneinander getrennt.

THEME
(Design-Vorlage)

Ein Theme ist eine Design-Vorlage für Websites, die Layout, Farben, Schriftarten und das Erscheinungsbild einer Seite bestimmt. Besonders in Systemen wie WordPress lässt sich damit das Aussehen einer Website ohne Programmierung anpassen.

URL
(Uniform Resource Locator)

Die genaue Adresse in Form eines Links einer Seite. Wird in der Browserleiste angezeigt.

USER
(Nutzer)

Ein Webseiten-Benutzer (auch Website-Nutzer oder Webnutzer genannt) ist eine Person, die eine Webseite im Internet besucht und darauf navigiert, um Informationen zu erhalten, Dienstleistungen zu nutzen, Produkte zu kaufen oder andere Aktionen auszuführen.

USER EXPERIENCE
(Nutzererfahrung, Abk.: UX)

Die Erfahrung, die ein Nutzer mit einer Webseite macht. Diese setzt sich aus verschiedenen Faktoren zusammen. Zum einen, wie nutzerfreundlich eine Webseite gestaltet ist und wie intuitiv sie sich bedienen lässt. Zum anderen, wie schnell der Nutzer zu seinem gewünschten Ziel kommt.

Quellen

Folgende Webseiten wurden zur Recherche für die erste Auflage in 2023 genutzt und können teilweise veraltet sein:

- https://www.ihk-muenchen.de/de/Service/Recht-und-Steuern/Internetrecht/Rechtssichere-Internetseite/
- https://www.it-recht-kanzlei.de/der-10-punkte-plan-fuer-rechtssichere-social-media-kanaele.html#abschnitt_45
- https://www.bundesfachstelle-barrierefreiheit.de/DE/Fachwissen/Informationstechnik/EU-Webseitenrichtlinie/FAQ/fragen-antworten-eu-richtlinie-Webseites-und-mobile-anwendungen.html?nn=1010214#doc964810bodyText11
- https://barrierekompass.de/barrierefreies-internet/8-einfache-tests-testen-sie-selbst.html
- https://barrierefreies.design/barrierefreiheit-interaktiv-testen/checkliste-fur-barrierefreies-webdesign
- https://www.siteimprove.com/de/toolkit/color-contrast-checker/
- https://www.datenschutzexperte.de/leitfaden-google-analytics-ds-gvo/
- https://www.e-recht24.de/artikel/ecommerce/6485-rechtssichere-unternehmensWebseite.html
- https://support.google.com/webmasters/answer/2648487?hl=de

Nachfolgend Webseitenempfehlungen, um sich über den aktuellen Stand zu informieren:

- https://pagespeed.web.dev/?hl=de
- https://www.bfdi.bund.de
- https://www.verbraucherzentrale.de/wissen/digitale-welt/datenschutz
- https://www.barrierefreiheit-dienstekonsolidierung.bund.de/Webs/PB/DE/gesetze-und-richtlinien/wcag/wcag_2_2/wcag-2-2-node.html
- https://www.bundesfachstelle-barrierefreiheit.de
- https://www.e-recht24.de
- https://www.it-recht-kanzlei.de
- https://www.ihk-muenchen.de/de/Service/Recht-und-Steuern/Internetrecht

Über die Autorin

Dominique Müller ist Digitalexpertin mit über zwölf Jahren Praxiserfahrung in Webentwicklung, Online-Kommunikation und Performance Marketing sowie E-Commerce. Von der strategischen Ausarbeitung und Prozessoptimierung von Kampagnen und Arbeitsabläufen bis zur praktischen Umsetzung und Betreuung von modernen Webseiten, Apps, Social-Media-Kanälen und Onlineshops arbeitete sie in den vergangenen Jahren branchenübergreifend für verschiedenste Unternehmen, Organisationen und politische Akteure.

Als Generalistin verbindet sie strategisches Denken mit operativer Umsetzung und verfügt durch ihre vielfältigen Tätigkeiten über ein tiefgehendes Verständnis für die alltäglichen Herausforderungen, mit denen Unternehmen, Organisationen und Selbstständige im digitalen Umfeld konfrontiert sind.

Ihr Anliegen ist es, komplexe Themen rund um Web, Online-Kommunikation und digitale Strukturen klar, zugänglich und anwendungsorientiert aufzubereiten. Dafür entwickelt sie strukturierte Leitfäden, Checklisten und Beiträge mit dem Ziel, kleinen und mittelständischen Unternehmen sowie Selbstständigen Sicherheit zu geben und sie dabei zu unterstützen, sich souverän und selbstbewusst im digitalen Raum zu bewegen.

www.ingramcontent.com/pod-product-compliance
Lightning Source LLC
LaVergne TN
LVHW010938051026
849532LV00003B/1043